无论心灵如何飞翔
它的根
都深植在它的故土

——题记

赤壁缄素

鲍江逊 著

南方日报出版社
NANFANG DAILY PRESS
中国·广州

图书在版编目（CIP）数据

赤壁缄素 / 鲍江逊著. —广州 ：南方日报出版社，2015.10
ISBN 978-7-5491-1321-7

Ⅰ. ①赤… Ⅱ. ①鲍… Ⅲ. ①赤壁市—概况 Ⅳ. ①K926.34

中国版本图书馆 CIP 数据核字(2015)第 233304 号

CHIBI JIANSU
赤壁缄素　　鲍江逊　著

出 版 人：周洪威
责任编辑：方　明　曹　星
实习编辑：潘　凯
责任技编：王　兰
责任校对：王　燕
出版发行：南方日报出版社
地　　址：广州市广州大道中 289 号
电　　话：（020）83000502
经　　销：全国新华书店
印　　刷：广东绿之彩印刷科技股份有限公司
开　　本：787 mm×1092 mm　1/16
印　　张：13.5
字　　数：152 千字
版　　次：2015 年 10 月第 1 版
印　　次：2015 年 10 月第 1 次印刷
定　　价：107.00 元

投稿热线：（020）83000503　读者热线：（020）83000502

网址：http://www.nfdailypress.com/

目　录

东风赤壁

赤壁之战故址入口之一

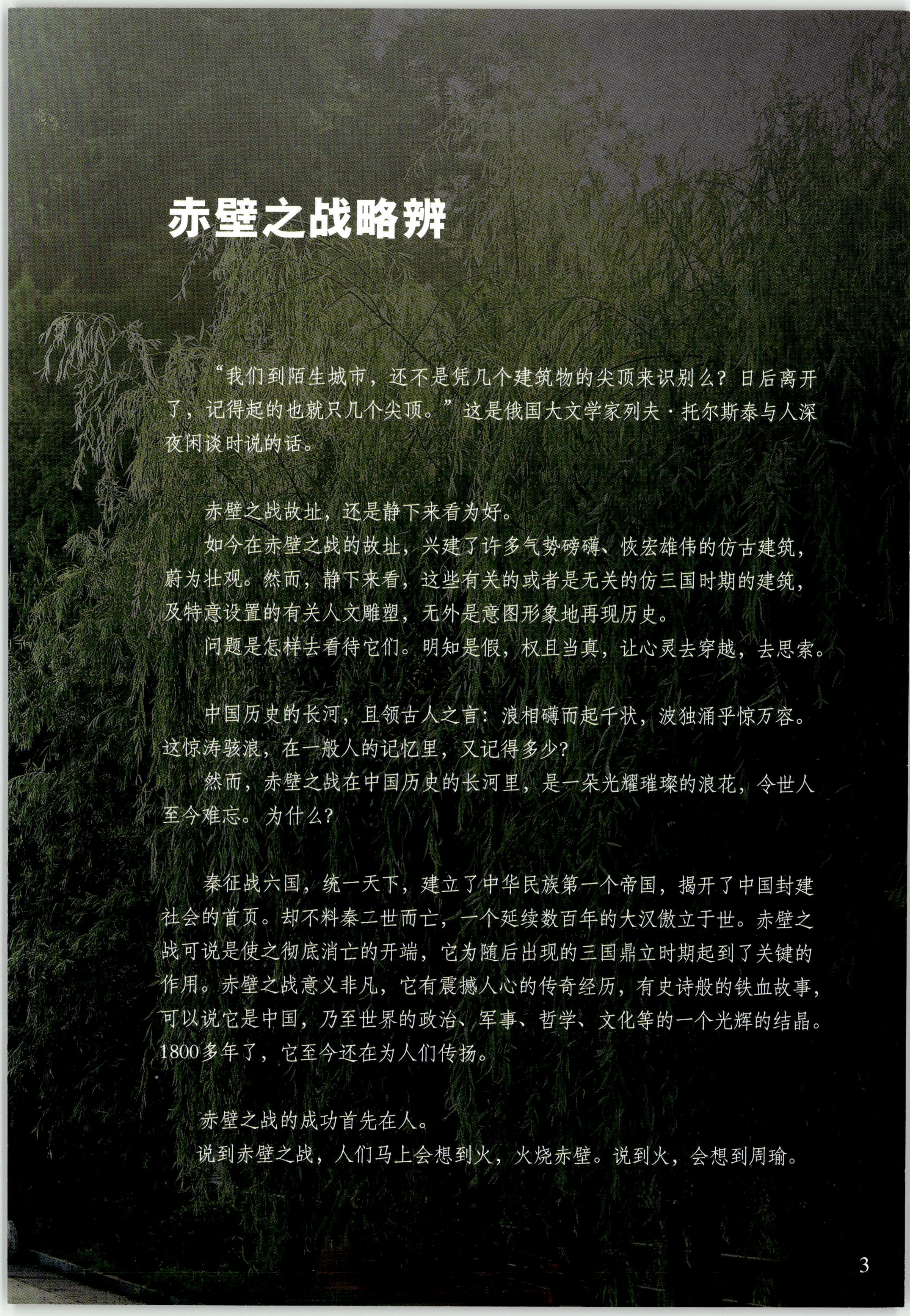

赤壁之战略辨

“我们到陌生城市，还不是凭几个建筑物的尖顶来识别么？日后离开了，记得起的也就只几个尖顶。”这是俄国大文学家列夫·托尔斯泰与人深夜闲谈时说的话。

赤壁之战故址，还是静下来看为好。

如今在赤壁之战的故址，兴建了许多气势磅礴、恢宏雄伟的仿古建筑，蔚为壮观。然而，静下来看，这些有关的或者是无关的仿三国时期的建筑，及特意设置的有关人文雕塑，无外是意图形象地再现历史。

问题是怎样去看待它们。明知是假，权且当真，让心灵去穿越，去思索。

中国历史的长河，且领古人之言：浪相礴而起千状，波独涌乎惊万容。这惊涛骇浪，在一般人的记忆里，又记得多少？

然而，赤壁之战在中国历史的长河里，是一朵光耀璀璨的浪花，令世人至今难忘。为什么？

秦征战六国，统一天下，建立了中华民族第一个帝国，揭开了中国封建社会的首页。却不料秦二世而亡，一个延续数百年的大汉傲立于世。赤壁之战可说是使之彻底消亡的开端，它为随后出现的三国鼎立时期起到了关键的作用。赤壁之战意义非凡，它有震撼人心的传奇经历，有史诗般的铁血故事，可以说它是中国，乃至世界的政治、军事、哲学、文化等的一个光辉的结晶。1800多年了，它至今还在为人们传扬。

赤壁之战的成功首先在人。

说到赤壁之战，人们马上会想到火，火烧赤壁。说到火，会想到周瑜。

说到风，会想到诸葛亮。说到船，应该想到的是谁呢？历史告诉我们，是黄盖。而这其中，火是真的，船也是真的，风也是真的，就是唯有诸葛亮借东风不是真的 ，是后人在传说和文学创作中的臆造。然而，从人文的角度看，这孔明借东风更“真实”。

都知道，东南风在赤壁之战中起到了重要的作用。赤壁在长江的东南方，这里部署着东吴由周瑜统帅的各路大军。功建三代的黄盖的部队就驻扎在赤壁沿江南岸上游不远的现今黄盖湖一带。

曹操军队在对岸，驻扎在乌林寨一带。那里一马平川，江面宽阔，芦苇似垒，乌林如围，的确是屯兵的理想之地。可谁知吴军用火攻，偏偏在大冬季，在位于长江中游的赤壁一带，在那个倒霉的深夜，竟然莫名其妙地刮起了东南风。人算不如天算，被孙刘联军打得焦头烂额、一败涂地、差一点丢了性命的曹孟德，不得不滚了回去。

风是真的，然而并非是诸葛亮布坛踏斗借来的东风。而在历代传说、小说、戏剧、诗文中，无不是说这风是诸葛亮之功。为什么？

杜甫《八阵图》诗：“功盖三分国，名成八阵图。江流石不转，遗恨失吞吴。”这是对诸葛亮的一个很客观的评价。刘备爱民，得人心，人心所向，举世皆知。立蜀的最大功臣是诸葛亮，是因为他有超人的智慧。赤壁之战是促成三国鼎立的关键一战，怎能或缺诸葛亮之功呢？更何况赤壁之战中，孙刘军事联盟的建立，以及在战事中刘备一方起到的作用，也的确是诸葛之功。

很简单，古人大多信人为，更信神助。信“谋事在人，成事在天”，信神机妙算的智者，信他们心目中共同的智慧之神。三顾茅庐方得出的卧龙先生诸葛亮，就是他们创立出来的心目中的智慧之神，是中华民族民间的智慧的象征和图腾。在他们眼里，人的理想和信仰往往大于人的现实，他们相信人的智慧能量往往大于人的现实能量。在赤壁之战中，人们似乎真实地感受和体悟到了这一点。

所有人都知道，个人的能力再强再大也是有限的。只有具备了集体人的能力、集体人长期以来反反正正的实践中产生的智慧，才是能力无限的。

无论是从历史到现实，还是从历史到人，数不清、说不尽的事物，最终在人们的记忆里留下的，往往就那么些。脑力无限，能应付各种复杂的、变化着的情况，然而人往往都希望简单。司马迁的《史记》，所记述的人物和史实数得清的也就那么多。

人走进一个都市，都市里房屋鳞次栉比，最终留在人记忆深处的，往往就剩下那几个尖顶。托尔斯泰所言不无道理。

除了统帅周瑜之外，黄盖算得上是赤壁之战真正的最大功臣。

曹操率领大军，沿长江自江陵而下直扑江夏。一路顺风顺水，兵临赤壁时，不期与周瑜遭遇。由于曹军准备不足，加上不善水战，再加上曹军大多来自北方，对南方的长江流域水土不服。许多军士都身染瘟疫疟疾，战斗力不振，首战败绩，驻军江对岸乌林。这正好合了周瑜心意，因为周瑜考虑到曹军水陆双线南下，如其合兵则更难抵御。把曹操拖在赤壁则打破了曹操的预谋，正好在此利用曹军不善水战的弱点而攻之。

“欲破曹军，须用火攻。”这是黄盖首先提出来的。

被派到周瑜营下不久的黄盖，仔细分析了面临的敌情。首先他感到此战不可持久，要速战速决。因为军力不等，敌众我寡，拖下去则有大不利。而当他了解到曹军战船为避风浪而连环首扣，首尾相连时，他想到的是“火”。

黄盖的判断是正确的，重要的。赤壁之战孙刘联军的胜利，周瑜和黄盖等人起到了关键的作用。

《三国志·吴书·周瑜传》中这样记载黄盖：“建安中，随周瑜拒曹公于赤壁，建策火攻……拜武锋中郎将。”《江表传》载：“至战日，盖先取轻利舰十舫，载燥荻枯柴积其中，灌以鱼膏，赤幔覆之，建旌旗龙幡于舰上。时东南风急，因以十舰最著前，中江举帆，盖举火白诸校，使众兵齐声大叫曰：‘降焉！’操军人皆出营立观。去北军二里余，同时发火，火烈风猛，往船如箭，飞埃绝烂，烧尽北船，延及岸边营柴。瑜等率轻锐寻继其后，雷鼓大进，北军大坏，曹公退走。”

《吴书》中甚至这样记载黄盖：“赤壁之役，盖为流矢所中，时寒堕水，为吴人所得，不知其盖也，置厕床中。盖自疆以一声呼韩当，当闻之，曰：此公覆声也。”向之垂涕，解易其衣，遂以得生。

黄盖一生辅佐孙氏三世“擐甲周旋，蹈刀屠城”……

如今黄盖湖可供凭吊的人文景观多多，如苦肉咀、黄盖咀、铺棋咀、阚泽咀、鞍咀、观军台、司鼓台、点将台、黄盖府、黄盖庙、黄盖墓等等。

一个是史实的真，一个是人心向往的真，可说都是真。这就是人类，是客观存在和心灵向往的矛盾和统一。

曹操作为大兵家，难道就没有想到有火攻之险么？我想他一定想过。然而，也许是过于自信，他自信地认为这大冬天只会有西北风。这与拿破仑在滑铁卢之战，大军进军途中忽遭大雨，军陷泥泞，惨遭失败而十分相似。不过拿氏因那一战而遭灭顶之灾，往往人算不如天算，曹氏因赤壁之战的大败而造成了一个时期的三国鼎立。

曹操自信而又多疑，这是他性格矛盾的双重性，在《三国演义》中表现得淋漓尽致。想当时，曹操亲统号称八十万大军（史家认为是二三十万，甚至有人认为是十万），军中猛将如林，如于禁、张辽、张郃、李典等等，一路所向披靡，挥师东下，向江夏进发。而他的另一路大军由赵俨率领从北沿江汉陆路挥师南下，真可谓有泰山压顶、风卷残云之势。如此这般，似乎早已稳操胜券的曹操怎能不自信？

无论是陈寿的《三国志》，还是罗贯中的《三国演义》，在他们如椽的笔下，无不明示出垒垒耸峙的赤壁是一面亘古的镜。

的确，赤壁之战是一场意义非凡的划时代的战争。罗贯中一百二十回目的长篇巨著《三国演义》中，描述赤壁之战的部分，就占去全书六分之一的篇幅。

从刘备投奔荆州刘表算起，就一直处在各种各样的矛盾中。诸如刘备与刘表的矛盾，刘表长子与其继母一族的矛盾，刘表代表的荆州势力与东吴的

赤壁之战故址——赤壁矶摩崖

矛盾，东吴内部战与降两派的矛盾，孙权、刘备士气旺盛与其兵力不足的矛盾，曹操军力强大与其地利、人和不宜的矛盾，刘备与孙权之间的矛盾，刘、孙与曹操所代表的北方势力之间的矛盾，还有拥护刘备的政治力量与曹操政治势力的主体性矛盾……这种种矛盾错综复杂，千头万绪，扑朔迷离。

近两千年了，赤壁之战这面亘古的镜，向世人述说着一个道理，天时、地利、人和，是战争、也可以说是一切事业成功的关键。

赤壁摩崖历代镌刻

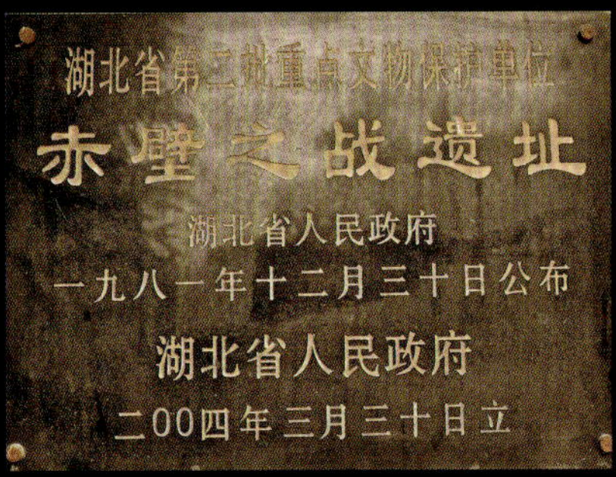

赤壁断想

晨光中的"汉时建筑"

不论它是否真似汉时建筑，此时此刻，在绯红色晨光的辉映下，它堂堂正正、敦敦实实，成片成片著名的遗址景点的汉建筑群，在庄严的黝暗中透着亘古的忆念。

秦时明月汉时关。可以说，在天际我眼前晨曦中的那淡淡的月，也是一个亘古的古迹，你看它那浑身的创痕和斑迹。

真正好的建筑，给予人的作用超出了其实用的价值和意义。它是美的体现，是人的睿智在大自然中的展示，是物化了的人的理想和精神的表达。

你看建筑物上棱角边缘的那些线，在初启的太阳光映照下的那些线，镀着金，炫丽而华贵。那线的上下，光与实体的强对比，难道不是人的精神和大自然存在自然产生出的交汇和融合吗?

白鸽

那只白鸽，蹬在那座仿汉建筑的高高的飞檐上。凌晨，黛蓝色的天幕，绚丽的晨光，那飞檐和那建筑还只是一片黑黝黝厚实的影。

白鸽宁静而安谧，一动也不动地注视着远方。它洁白而且明亮，高傲而又悠闲，宛若一个能牵动人们诗思的精灵。

前方，就是那滚滚东去的长江，就是那曦光中曾经映照过赤壁大战冲天火光的摩崖，就是那摩崖上威武神俊的周瑜雕像，就是那翼江亭、摩崖下的仿古战船，就是那江对岸的曹操驻军的乌林，就是那日夜拍打着摩崖的江涛……

赤壁故址仿汉建筑

独步赤壁矶摩崖

独步赤壁矶摩崖前，熟视摩崖上那醒目而又苍劲敦实的“赤壁”二字，怎禁人感慨油然。

《湖北通志》载：“赤壁山临江矶头有‘赤壁’二字，乃周瑜所书。相传东汉建安十三年（公元208年）冬月十三日，孙刘联军借助风势、动用火攻，葬送了曹操二十六万兵马，东吴与刘备追至南郡，曹操率残部北归邺城。周瑜奏凯回军赤壁，在那大帅部楼船上举行得胜宴会庆功，酒醉之余，拔剑起舞，歌曰：‘临赤壁兮，败曹公，安汉室兮，定江东，此山水兮，千古颂，刻二字兮，纪战功。’歌罢，提剑在悬崖上刻‘赤壁’二字，这一剑刻过万重山，据说江西庐山有反写的‘赤壁’字样。”

如此之说，是否牵强？不必细究。其实这“赤壁”二字，现今确切可鉴者就有几个，到底谁真谁假，很难说清，因为所有字都无款识。不过正因如此，正好证实历朝历代有许许多多人都来此遗址拜谒过。感怀之余，或趁长江水涨风静日，船系摩崖，镌字“赤壁”为念。或在江平水低时攀崖而镌，以诗寄情。至于怀情而归，案头即兴挥毫者又有多少？谁又说得清？

自古至今谁不知唐代杜牧脍炙人口的《赤壁》一诗：“折戟沉沙铁未销，自将磨洗认前朝。东风不与周郎便，铜雀春深锁二乔。”更有北宋大文豪苏东坡名词《念奴娇·赤壁怀古》和名赋《前赤壁赋》名冠古今。无论东坡先生有没有来过这个赤壁，凭他渊博的知识，难道还不知黄州文赤壁不是真正的武赤壁？显然他是在借黄州文赤壁，遥念蒲圻武赤壁而借景抒情。在其《前赤壁赋》文中，多因赤壁之战惨烈悲壮的往事而感怀之。

“客曰：‘月明星稀，乌鹊南飞，此非曹孟德之诗乎？……山川相缪，郁乎苍苍，此非孟德之困于周郎者乎？方其破荆州，下江陵，顺流而东也，舳舻千里，旌旗蔽空，酾酒临江，横槊赋诗，固一世之雄也，而今安在哉？’……”

独步摩崖，瞻望那从蓝色天际直流而下的浩浩荡荡的大长江，我心底的崇敬油然而生。这是大自然，天地有大美而不言。

而我身边的赤壁，它属于大自然，然而自从赤壁之战之后，它在我们心

赤壁故址之晨（左右）

里产生出一个更加雄浑的空间。

赤壁遗址，可以说是一种奇特的天人合一的壮观景象……

独步摩崖，思绪翩翩。

关于赤壁，那么多的故事，那么多的传说，那么多的争辩，然而历史无言。史实胜于雄辩。

历史和传奇，仿佛是人类社会进程中的孪生子。在权力与现实之间，往往存在一定的矛盾。不是有人说有时历史是胜利者书写的么？就赤壁之战时期的那些事，明显，陈寿的《三国志》和罗贯中的《三国演义》，在史实上是有很大差异的。

历史和传奇，在哲学思维的空间里熔冶和提炼，升华成了人类的智慧。某些历史上并不存在的传说，人们却喜之、信之、彰显之。而某些史实的确存在，而人们却怨之、避之、唾弃之。这就是人心的自然规律，彰善瘅恶。

在摩崖往上游看，与摩崖同侧的不远处就是黄盖湖。历史和传说都没有忘怀彰显东吴三朝老将黄盖之功。我们不妨从“演义”的兴奋中走出来，到冷峻的历史史实中去踱步，换一种方式，来看那场曾经在这里真实发生过的大战。让我们听一听汤浩方著《三国不演义》中描述黄盖的那段话吧：

“寒风吹在脸上，像刀割一样，黄盖在江心举起风帆，做好了冲刺的准备。他手持火把，命令将士们齐声大喊：‘我们来投降啦！’

这一喊，就把曹操喊出来了。曹军都跑出来看热闹，伸长脖子想一睹降军的风采，顺便也欣赏一下长江的夜景。大伙儿都傻站着，指指点点，说黄盖来投降了！

他们很兴奋，也很开心。

唯一遗憾就是：太短！

就在他们毫无防备之时，黄盖的攻击开始了。

赤壁矶翼江亭

赤壁矶周瑜塑像

赤壁黄盖湖

赤壁南屏山拜风台

拜风台

赤壁南屏山上的拜风台，什么时候筑成是古老的事了。为什么明知道孔明拜风不一定是真实的事，古人们却还是特意在这里筑起了这座高台呢?

这就是我们古人的大智慧所在。实中存虚，虚中存实，以实中之虚求虚中之实。我们眼前的南屏山拜风台是实，史实中孔明借东风是虚，赤壁之战时东南风对东吴火攻起到极其重要的作用是实，江面出现了东南风也是实，人们期盼有自己的超人的智慧之神是实，孙刘联盟在赤壁之战中取得了伟大的胜利也是实。

“万事俱备，只欠东风。”在孔明借东风这一虚无的传说中，我们得到的是一个真理，任何大事业的成功，往往都需要大的外界力量的帮助。“天时、地利、人和”，且听京剧大师马连良脍炙人口的《借东风》剧中的唱段：“天堑上风云会虎跃龙骧，设坛台祭东风相助周郎。曹孟德占天时兵多将广，领人马下江南兵扎在长江。……数九天少东风急坏了周郎，我料定了甲子日东风必降……”

战争须占天时，天时是战争胜利的重要因素，有时甚至是第一要素。地利、人和都是人能选择和支配的，只有天时只能去遵循。人们不是常说“谋事在人，成事在天”“天命难违”么?

天时，时令季节，阴晴冷暖，白昼黑夜，冰雪酷暑，云雾雨霭，风之缓疾顺逆……对于冷兵器时代的战争，会起到重大作用。就是在当代的战争中，同样是这样，最新激光武器的威力的发挥，往往会受恶劣天气的影响。

南屏山拜风台，蓝天下，那数十步登山的台阶，把人一步步引领到天之坛。今与古通，心与神会，这是何等境界?

拜风台，是人与天的一种契合。怎不令人想起南京紫金山上的天文台?想到南阳张衡的浑天仪?想到当今天空中的北斗卫星?这都是人类对天道规律的一种探求，而希冀天时能为人类所用。而当初南屏山拜风台遗址，能给予人的是对人的“敬仰”和崇拜，对人的识天文、“占天时”的睿智的崇敬。这深刻说明，人心向善，向德行之善，向睿智之善，向伟力之善。

拜风台是对事的怀想，更是古人的一种精神的寄托。它用真真切切的存在，告诉人一个实实在在的道理：人离不开天，离不开大自然和大自然的运行规律。对于大自然的规律要敬重，要“拜谒”，要探讨。“顺之者昌，逆之者亡。”使之真正地为有益于人类的各项事业起作用。

拜风台真正要拜的是人的惩恶扬善的精神，是人敬仰和遵循自然的善举，而后人筑建拜风台的意义也就在于此。

“绝甘兮分”的启示

凤雏庵左厢房门楣上有一匾，匾上四字“绝甘兮分”。四字匾来历不明，这四字却耐人寻味。

“绝甘兮”，意指完全没有了甘美的、好的东西，“兮”为感叹词，是为了加强“绝甘”的语气。啊！美好一切都已经竭尽了呀！

“分”，这个字的意思就多了。

如何理解？是否可以理解为甘美的一切都没有了，还能有什么可分呢？或者理解为甘美的一切都已消失殆尽，只可能是分开了，或是只有分裂的可能了。

绝甘兮分，作为凤雏庵的匾额之一，出现在赤壁之战遗址，明显和赤壁之战的那个时期有关系。

汉代，作为我国最重要的一个时代，从公元前202年到公元220年，前后四百余年。是继秦以后的最强盛的大一统帝国，被称为“炎夏”。

汉朝大幅度地向四方开疆拓土，鼎盛期北至五原郡、朔方郡，南至日南郡，东至临屯郡，西至葱岭。西汉汉平帝时期（公元1—5年），全国人口达6000万左右，占当时全球人口的三分之一。汉朝科技发达，文化先进，华夏族在其后逐渐被称为“汉族”。

汉朝发展到东汉末年，各种矛盾凸显出来，戚宦之争，朝政黑暗，军阀割据称雄，生灵涂炭，公元184年爆发黄巾起义。最终在公元220年曹丕篡汉，东汉灭亡。这个与同时期的罗马帝国并列为世界最先进的文明及强大的帝国至此寿终正寝。分，也就成了必然。三国鼎立也就成了群雄争霸的必然产物。

绝甘兮分，似乎是在说明凤雏庵供奉的凤雏庞统先生对三国鼎立的预料。同样，这也是对后人的警示，任何一个时代的发展都要授人以“甘”，要为人民造福。只有人民丰衣足食，美满幸福，才是社会稳定和发展的根本保证。

赤壁金鸾山凤雏庵

赤壁故址仿古水寨

停泊在长江上的仿古战船

赤壁故址仿古建筑

赤壁矶石雕（左右）

赤壁仿汉建筑

赤壁故址一景

赤壁故址一瞥

赤壁先后出土的战剑

赤壁先后出土的矛戟

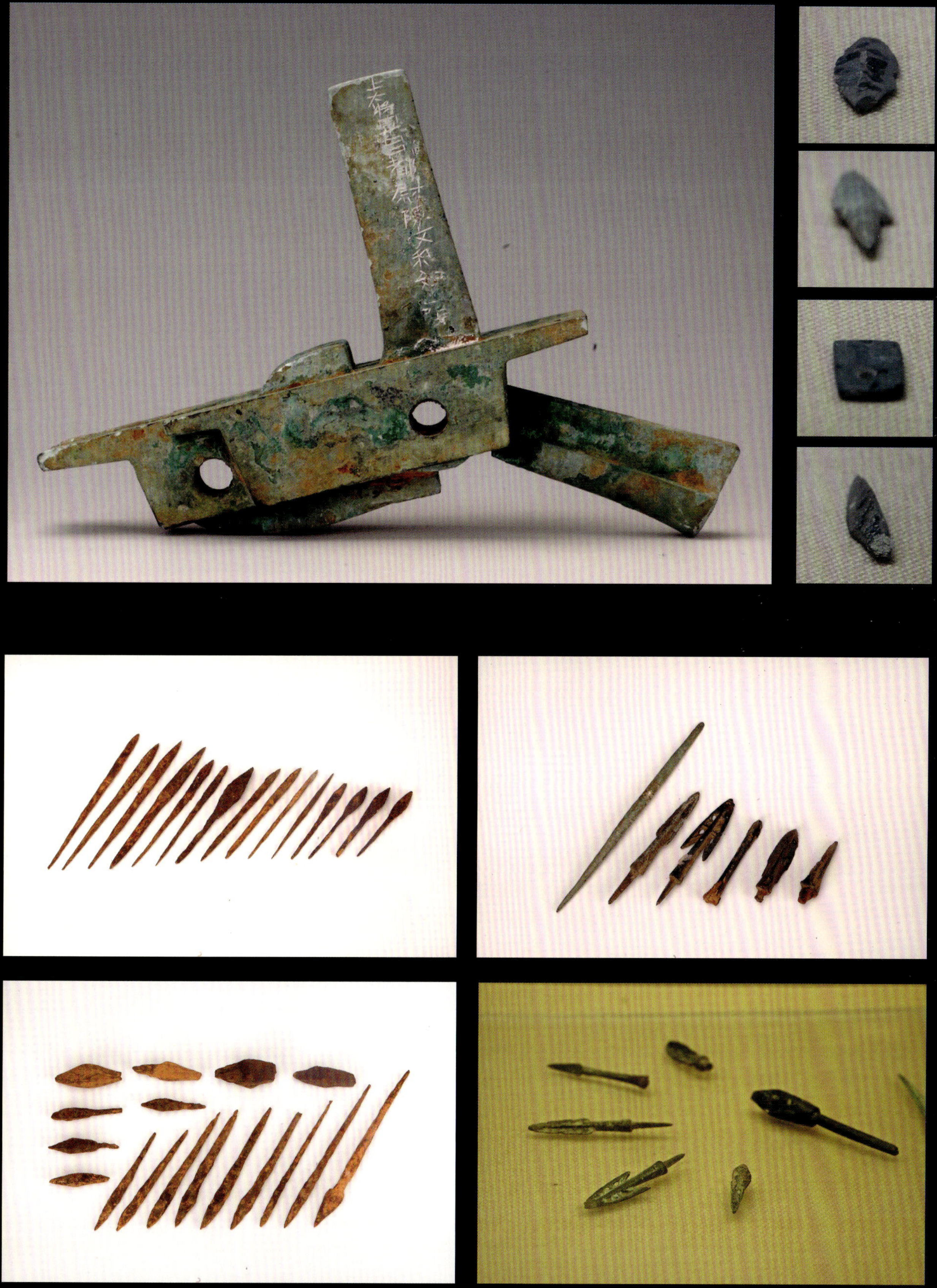

赤壁先后出土的弓弩、箭头

赤壁出土的青铜器

赤壁出土的青铜器

秋日凤雏庵（姚东旭 摄）

关于陈寿《三国志》（附）

《三国志》由西晋史学家陈寿所著，记载中国三国时代的断代史，同时也是二十四史中评价最高的“前四史”之一，陈寿曾任职于蜀汉，蜀汉灭亡之后，被征入洛阳，在西晋也担任了著作郎的职务。

《三国志》在此之前也有笔稿，当时魏、吴两国先已有史，如王沈的《魏书》、鱼豢的《魏略》、韦昭的《吴书》，此三书是陈寿依据的基本材料，蜀国无史，故自行采集，仅得十五卷。

《三国志》最早以《魏志》《蜀志》《吴志》三书单独流传，直到北宋咸平六年（1003年）三书合为一书。

《资治通鉴》有关赤壁之战（附）

进，与操遇于赤壁。时操军众已有疾疫，初一交战，操军不利，引次江北。瑜等在南岸，瑜部将黄盖曰：“今寇众我寡，难与持久。操军方连船舰，首尾相接，可烧而走也。”乃取蒙冲斗舰十艘，载燥荻枯柴，灌油其中，裹以帷幕，上建旌旗，豫备走舸，系于其尾。先以书遗操，诈云欲降。时东南风急，盖以十舰最著前，中江举帆，余船以次俱进。操军吏士皆出营立观，指言盖降。去北军二里余，同时发火，火烈风猛，船往如箭，烧尽北船，延及岸上营落。顷之，烟炎张天，人马烧溺死者甚众。瑜等率轻锐继其后，雷鼓大震，北军大坏，操引军从华容道步走，遇泥泞，道不通，天又大风，悉使羸兵负草填之，骑乃得过。羸兵为人马所蹈藉，陷泥中，死者甚众。刘备、周瑜水陆并进，追操至南郡。时操军兼以饥疫，死者太半，操乃留征南将军曹仁、横野将军徐晃守江陵，折冲将军乐进守襄阳，引军北还。

远去的川茶

春到松峰山

羊楼洞镇古街一角

万里茶路源头小叙

原来一直以为巴颜喀拉山是万里长江之源，然而，经过周密考察才弄清楚，沱沱河才是长江真正的万里之源。

沱沱河从格拉丹东雪山的姜根迪如冰川发源时，不过是一些冰川、冰斗的融水汇成的宽不过3米，深只有20厘米的小溪流。

西汉汉武帝时张骞首次开拓丝路，东汉时班超经营西域并再次打通延伸了丝路，他们无不是一步步用马蹄和驼铃打通了万里丝路。

与举世闻名的万里“丝绸之路”相比，辉煌了近二百年的中俄茶叶贸易万里茶路可以说是对中国贸易的兴盛、文化对外的传播，起到了在中国近现代史上功不可没的作用。

万里茶路曾经的三个著名起点，一是福建崇化，一是湖北赤壁羊楼洞，一是湖南安化。1853年，太平军占领南京，武夷山茶路中断，晋商进一步加强了羊楼洞和与之毗邻的羊楼司的茶叶收购和茶路的开辟，商贾如云、茶庄如林的羊楼洞镇自然成为了最兴旺、也是最重要的万里茶路的源头。

《蒲圻县志》载:“本县种茶历史悠久，宋景德年间（1004— 1007年）已有成批茶叶运往边疆，在西北的酒泉、华北的张家口与内蒙一带进行茶马交易。”

对赤壁文史有一定探讨的冯金平、冯晓光父子对此有不少著述，特别是在万里茶路之源的问题上。在《欧亚万里茶叶之路的起点》一文中，冯晓光引用的山西榆次常家后人常士宣、常崇娟所著《万里茶路话常家》中的一段话就很有说服力。

“以闽西北和两湖之交的羊楼洞的具体情况相比较，从地理位置来看，两地相距甚远，但有许多相近之处，都适于茶叶的种植。两湖茶山的最终确立，不仅使晋商及常家的茶商们获得了一个更为可靠的茶源，同时也使原有

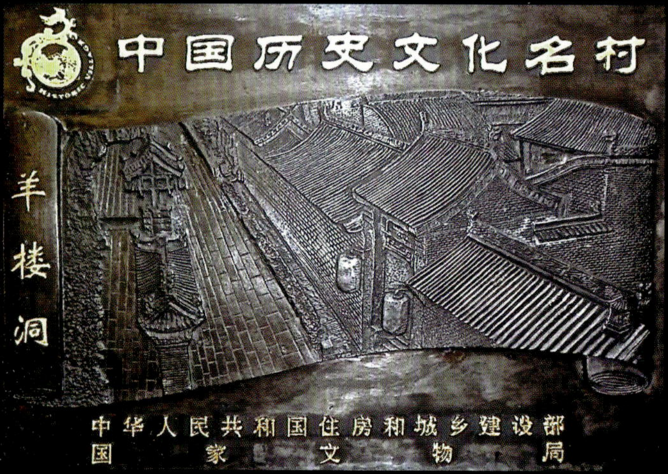

羊楼洞某山庄一瞥（上下）

的行程缩短千里之多，贩茶的利润更加可观而丰厚。”

卡尔·马克思在《俄国的对华贸易》一文中有关陈述同样证实了中俄的万里茶路之源的变迁之故。文中说:“1853年，因为中国内部不安定以及产茶省区的通路被明火执仗的起义者队伍占领，所以运到恰克图的茶叶数量，减少到5万箱，那一年的全部贸易额只有600万美元左右。但是在随后两年内，这种贸易又恢复了。1855年，运往恰克图供应集市的茶叶不下112000箱。”

羊楼洞山好水好，利于产茶、制茶。羊楼洞产茶始于唐，兴于宋，盛于明清。明清时期，大量山西、广东、英国、俄国商人纷纷到羊楼洞制茶，盛时有庄号和洋行200余家。诸如长盛川、长裕川、巨盛川、三玉川、大玉川、裕盛川、大德玉、大德常、大德兴、阜昌、协昌、隆昌、顺昌、茂昌等等。当时羊楼洞一个小镇人口近4万，主要街道有五条，百余家商旅店铺，有“小汉口”之称。2010年经住房和城乡建设部、国家文物局评定羊楼洞镇为“中国历史文化名村”。

万里之行，始于足下。现在谁会相信有“小汉口”之称的羊楼洞每年生产达数十万斤的“川”字牌砖茶，盛时年产达2400万公斤的砖茶、春茶、红茶等系列“洞茶”，起运都是靠羊楼洞本镇和附近的农人为“脚夫”，用便于走山道、走田间田唇小道的大车轮高车架的“鸡公车”，一车一车地运。脚夫们成群结对从各茶庄起步，经羊楼洞北山，进七里冲，经张家岭到张家嘴，路程达十里之多。然后由负责转运的商行，安排装卸上船，运至新店。

冬春枯水季节，张家嘴河段不能行船，全程三十多里路全靠脚夫、鸡公车陆路输送，他们经七里冲到枫树岭，延北路顺着新溪水路一直运送至新店水码头。

这万里茶路以羊楼洞为起点，在羊楼洞用鸡公车，把压制好的青砖茶经赵李桥运至上潘河的茶船，经新店至长江，到汉口后逆汉水至襄阳，而后改畜驮车载到黄河，然后分两路，一路走西口至内蒙古包头。往东方方向的一路，向北入归化（今内蒙古呼和浩特），再往北到库伦（今蒙古国乌兰巴托），到俄罗斯恰克图，而后再转运销往俄罗斯和欧洲。

鸡公车可载重300来斤，一米高的独木轮 和青石板路是硬碰硬，震动特别大。常年累月的摩擦，别说车轮，连地面上的青石板，也无不碾成了深深的印槽，一条、二条、三条。实在不能再碾了的，重新更换青石板，然后又开始出现第一条印槽……

万里长江之源是从雪峰冰凌上一滴一滴冰水滴出来的。

万里“丝绸之路”是马蹄在崇山峻岭中，骆驼在大戈壁上一步一步踏出来的。

万里茶路是脚夫们用鸡公车一车一车推出来的。

人类幸福的创造，无不是从苦寒中、艰难中创造出来的……

川茶春秋

赤壁早就有了万亩茶园，经过这几十年的打理和拓展，早已是大小茶园密布。可以说，这一片片清香的绿茵之地，琼枝弄风，碧叶逗雨，行行直入云，叠叠可映天，步入其中，怎不令人沉醉忘返。

向东有武夷红袍，向南有潇湘银针，而赤壁川茶却匠心独运，醇香经远而愈美，经久而益馨。川茶雅舍，岂不为天下人恋，为天下人羡。

原中央书记处书记、中央政法委书记、全国人大副委员长陈丕显，1981年任湖北省委书记时，特邀了湖北籍军事家、解放军副总参谋长伍修权等一同专程视察了万亩茶园，对茶园作了很好的评价。

川茶之原茶取之于160公里长的幕阜山脉之鄂湘交汇的赤壁市，地处北纬29°28′—29°59′，东经113°32′—114°13′之间的崇山之中。

赤壁市自古是水乡泽国的风水宝地，亦是自古以来贯穿南北、东西的交通要冲。且不说赤壁大战，且说这茶，赤壁羊楼洞川茶。

好茶须要好山，也须好水，羊楼洞松峰山一带地质构成以页岩、砾石为主。山有泉，泉水含硅酸盐较低，而富有利于人体健康的矿物质。羊楼洞有一个观音泉，那更是远近闻名的“圣水”。赤壁有三水，三水接通长江，它们是陆水河、潘河、汀泗河。赤壁多雨水，千年茶叶之史，从未闻赤壁茶叶有“旱死”之说。这不能不说是天赐之“地灵”。而赤壁人好客，给晋茶商、俄茶商、粤茶商等四方茶商、茶客尽力佐助，一个羊楼洞小镇，茶庄多时竟达200多家，岂不令人感叹？是谓人之和也。和气生财，在这里得到了极其感人的体现。

交通之便，同样是在能产好茶的地利之外更大的地利，“三水”既佐产茶，更利交通。想当初，一时间车轮滚滚，声回五岭，船帆翩翩，影达大江，更有羊楼洞人声鼎沸，镇里镇外热气腾腾，是何等兴盛之景。

赵李桥茶厂茶砖压房（上下）

赵李桥茶厂蒸茶气锅

茶文化杂录

砖茶的开端

人们从地理学、植物学、生态学的角度和证据看，生活在青藏高原喜马拉雅山东南山麓，这一平均海拔高达3600米的地区的傣族是最先种植和享用茶叶的民族。傣族人沿着丛林中古老的商路带着茶叶向地势渐低的北方行进，大约在距今2000年左右，茶叶的种植和饮用广泛传播到了全国各地。

制成茶砖、茶饼，是为了便于保存和运输。这已经有好几百年的历史了，而且也是傣族人最早发明的。不过，最先他们用的是竹筒压缩包装，傣族人把茶叶填塞到竹节中，茶叶便成了一个硬的圆柱形茶砖。

公元10世纪，沿青藏高原东南麓向北、向东延伸的茶叶贸易已经初见规模。13世纪成吉思汗的宫廷就曾用这种茶砖满足蒙古都城哈柱和林的需求，到17世纪晚期茶砖成为了内蒙大草原生活的必需品。

紧压的茶砖可以保存茶叶的维生素和风味，保存茶叶特有的醇香，这是散装茶叶无法比拟的，而且茶叶也可以被充分地利用，连茶较硬的叶和细枝梗都可以入砖，使茶更富营养。草原人在煮茶之前，会把茶枝梗捣碎一同烹煮。这些有小枝梗的茶叶含有丰富的单宁酸、咖啡因和香精油，使茶香更浓郁更诱人。

后来，茶砖成了我们和俄国进行交易的主要物品。19世纪初，当时与俄罗斯恰克图沿蒙古、西伯利亚边界进行的茶贸易到达顶峰时，茶砖尺寸被统一起来，便于计算。

1860年，中国开放贸易口岸之后，俄国人也开始自制茶砖，当时的汉口、湖北的蒲圻羊楼洞等地有七个俄作坊制作茶砖以满足恰克图地区及茶叶之路途中的市场。

赤壁市四大万亩茶园之一

不老的茶文化

茶文化不老的奥秘，就在我们举手投足的身边。从粤地盛行不衰的“喝早茶”，到举国日益盛行的茶道。茶成了文化交流最理想的物品。在那一杯一杯中，口齿间吮入的，是人们对生活的热爱，是由之生发的对人的情感的寄托。在餐桌前茶壶中倾倒的是亲友们流淌的挚情，而茶道前双手轻举的是对生命高格的向往和吟咏。那杯中荡漾着的是对无瑕的珍品的热爱，那杯口上飘荡着茶的热气和醇香，是天地自然和人的生命气息的融和，它消融着人们生活中的烦恼，它生发着人们对生存理想的希冀。

如果说酒的文化是放纵心灵的话，那茶的文化则是娴静淡泊。对酒当歌志，对茶则咏怀。多少次，我看到友人们杯茶在握，闭目而吟，或古韵、或今诵。

茶既是物质生存的佳品，更是精神提炼的圣物。

松风草阁无俗客，
听泉煮茶似神仙。
何等境界?!

鸡公车

羊楼洞古街鸡公车车辙痕迹

如果要说中国民族资本工业的兴起，羊楼洞可以说是一个典型的缩影。

从羊楼洞的手工做茶到用机器加工、雇佣工人制作茶叶，从小农经济到民族资本主义萌芽和成长，一步步、一程程，稳健而又迅速地发展起来，羊楼洞可以说是一个见证。

咸丰八年（1858 年），清政府被迫签订了《中英天津条约》，汉口成为了十个通商口岸之一。英、俄、法、德等国商人接踵而至，其中茶叶的贸易越来越红火。特别是沙俄，把茶叶贸易当作了他们的首要贸易。从 1850 年到 1852 年，在其对华贸易的年平均值中，茶叶输入额占贸易总值的 94.4%。

晋商之所以由福建转向到赤壁，当然也和赤壁地之利有很大关系，以赤壁为茶路的起始点，比以福建崇安为起点近一千一百多里，比以湖南安化为起点近七百多里。加上赤壁距汉口这个茶叶贸易中心的距离，那更是崇安和安化不可比拟的。

羊楼洞因其产茶、产茶砖和运输方面的巨大优势，成为输出茶叶的主要基地，使得当时以羊楼洞为中心的鄂南茶区的贸易额跃居全国第一，年销 13500 吨。

为更快、更好地制作砖茶，1920 年俄商甚至将德国废弃了的蒸汽机火车头运到中国，进行拆卸和重新改装，将蒸汽机改装成用于蒸茶和烘茶的设备，将其车头的动力设备改装成用于压制砖茶的器械，大大提高了砖茶生产的速度、质量和产量。著名的“火车头”牌米砖茶，就是这种机器生产的制品。

青砖茶

川字的魅力

当人们掰开尚蕴着松峰山茶园清香的川字茶砖时，也许想到这是上帝的恩赐，正如看到五颜六色、溢光流彩的丝绸。泡上一壶，品一口，再品一口……

那是什么？是牛羊奶茶内在的依存？是人们对川茶内在的依存？牧民用手指蘸上一滴奶茶，用手指弹撒向天空、大地，这是他们在感谢天地。人知道感恩，这是人的本性，更是人赖以生存繁衍的基本，是人的真善美的美德。

远去的川茶，寄托着人们的情思，是人类文化传播的至诚至善的臻品。是人类与大自然，人类与物质文明的至善至美的结晶。

蒙古人认为，宁可三日无粮，不可一日无茶。腥肉之食，非茶不消，鲜奶之热，非茶不解。青砖茶，不仅可以促进动物脂肪的分解，也可以补充人体必要的维生素。

青砖茶在蒙古，被认为是最上等的礼物。因为那里，曾经可以用砖茶作为货币来交换一切，甚至如《蒙古及蒙古人》谈及“一些蒙古人通常因一两箱砖茶（合 16—32 卢布）就将自己的女儿卖掉。”当然，那是很早以前的事了。

青砖茶，特别是川茶，在蒙古受到人们重视的程度是极高的。内蒙著名作家邓九刚曾说过：“这个砖茶到了蒙古草原、西伯利亚……一直到现在，蒙古人，包括我自己，只认这个川字茶。这种深入骨髓的品牌，简直让人赞叹。”

赵李桥茶厂

赵李桥茶厂青砖茶成品

“官”“杂”之争

1875 年，左宗棠收复新疆后，对西北茶务进行了改革。有人认为因为左宗棠是湖南人，所以一度在新疆列湖南安化黑茶为“官茶”，也称“湖茶”，而把晋商在羊楼洞茶制成的川茶称作“杂茶”，也称晋茶。然而，正如陈宗懋的《中国茶经》所记载，“米心”，又名米砖，是以红茶末加工制成的，主要产于湖北蒲圻一带。旧分“72 米砖”和“48 米砖”。

砖模棱角分明，纹面图案清晰秀丽，色泽乌亮，汤色红浓，味道醇厚。“米心”其原料为红茶末，《新疆图志》列其为细茶。米心砖茶深受哈萨克族人喜爱。后来左宗棠也感知羊楼洞所产砖茶在新疆的影响，光绪五年，他在《履陈边务折》中说“惟南疆吐鲁番”八成缠回，见砖茶则喜，谓承平时湖茶非私贩筒子茶（指“杂茶”羊楼洞茶）可比。最终，青（米）砖茶再次回归到“官茶”。原因很简单，务实的左宗棠也清楚，他管辖的新疆地区的百姓深爱青（米）砖茶，他也要尊奉清政府授意的“应对俄茶倒灌新疆，坚持以茶治边”的要求。

《清德宗实录》载：“现南商另请新票，赴湖北羊楼洞采办茶砖，送至关外各处行销，应准其试办，下部知之。”

宣统二年（1910 年），新任伊犁将军广福拟定，其地“办茶以红梅为主，川块次之，米心、觔砖又次之”，“在湖北羊楼洞设厂制造，运输路线循汉口、张家口、归化城，取道蒙古草原直驱伊塔”。

中俄之间的世纪动脉

俄罗斯学者安娜·帕弗洛夫斯卡娅曾谈到俄罗斯茶文化："在150年的时间里，这种稀少又昂贵的饮料风靡了全俄罗斯，成了俄罗斯文化重要的部分。"

19世纪中期，俄罗斯的人均茶叶消费量排名世界第二，仅次于美国。长期以来，俄罗斯人只喝中国茶，茶叶从几千公里远的中国陆地运至俄罗斯。期间中俄茶叶贸易甚至引起了当时侨居英国的卡尔·马克思的关注。他在《俄国的对华贸易》等文中多次提到："中国拿来交换的货物，主要是茶叶，俄国方面主要是棉织品和毛制品。近年来，这种贸易似乎有很大的增长。"

俄国人对茶叶情有独钟，1861年汉口开埠后，俄商先后在羊楼洞开设顺丰（1863年）、新泰（1866年）、阜昌（1874年）三个制作砖茶的茶庄，随后，英、日、德等国商人也都闻风而来。光绪年间，羊楼洞有各种茶庄多达200多家，年产销砖茶及青茶、红茶等系列茶达2400万公斤。后因汉口成为中国内地最重要的贸易城市，尤其是茶叶出口方面，许多俄茶商迁到汉口，在汉口的今黎黄陂路一带建起生产砖茶的大茶厂。

不仅如此，1883年，俄国人还从羊楼洞一带买茶籽、买茶苗，直接运到他们国内，栽种在尼特植物园内。由于水土不服，1884年又将茶树移植到苏呼米和索格茨基的植物园。同时，又从汉口运去一万多株茶苗和茶籽种植在查克瓦 — 巴统茶园。1888年，俄国人波波夫来中国学习茶叶生产技术，还聘请了刘峻周等10名茶工去帮助种植。

2013年3月23日，出访俄罗斯的国家主席习近平在莫斯科国际关系学院的演讲中评价"17世纪的万里茶道"是中俄两国的"世纪动脉"。

羊楼洞茶生态产业园产品之一

茶商砖茶销往俄罗斯所换之卢布

雍正年间户部茶引执照

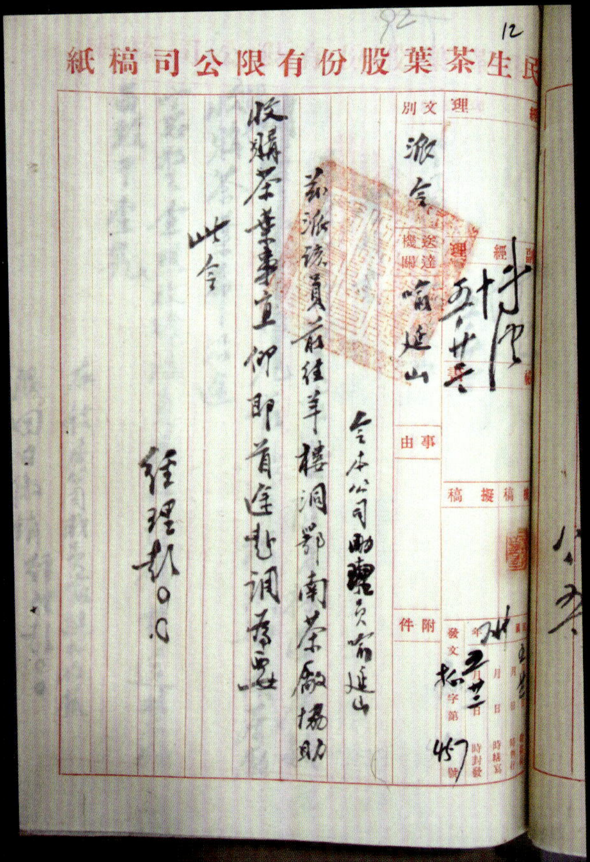

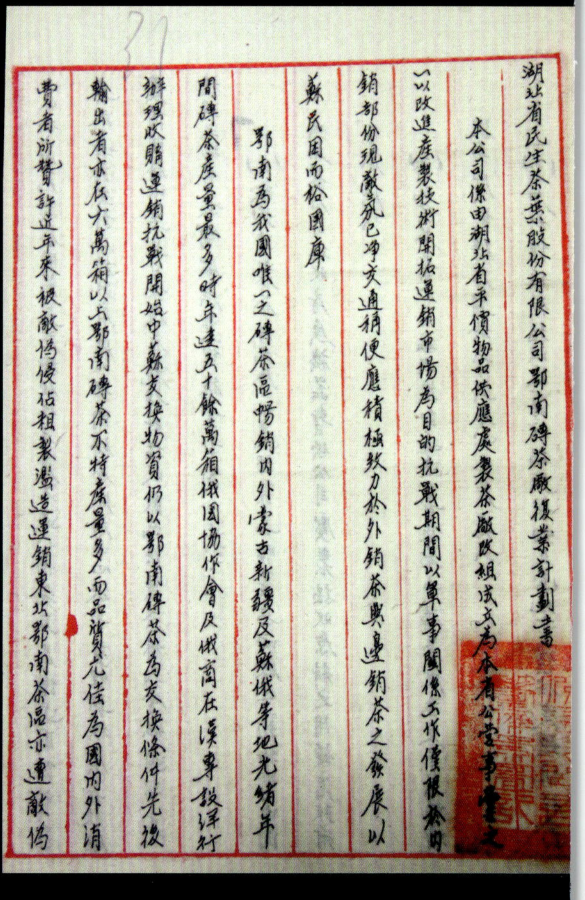

羊楼洞文史资料(左右)

记忆中的那条小街

群峰作愕，众壑奔流。

羊楼洞那条小街，就是在这样的一个大环境下出现的小街，是我的记忆中特别有趣味的小街。不知是五八年还是五九年，我还在念小学，学校组织我们高年级的学生在老师的带领下，坐火车来到赵李桥，下车后排好队开始步行，走了八里路才到达羊楼洞。

队伍先是直接在老师带领下，进了蒲圻师范学校。参观完后，由各班班主任老师带领，按小组自由到羊楼洞镇里面参观。

小镇在产松峰茶的松峰山东北方山下，环境幽雅，气候宜人，风光更是别致，山上有一棵据说是唐代的老茶树。

真有意思，那街道都是青石板铺成的，街道不宽，大多都是青砖黑瓦的房子，二层的居多，一层的房屋上边也有阁楼。

一条溪水在镇上，顺着街道自东向西流去，一条街的房屋，许多都是架设在小溪之上，粗木头构筑的廊桥作基建成的房屋，门朝着脚底下的街，有木头做的楼梯通行。

水在木屋下哗哗地流，尤为清冽。大人说这羊楼洞可是风水宝地，那山、那水、那人、那房屋、那泉水……到处都能生钱。而且常有外国人来往，只可惜我们没有见到。

街道上十分热闹，小杂货店铺满街都是，从街头到街尾，阳光照着半边街，另半边街和青石板铺成的路浑然一体。快到中午时分，家家都生起了灶火做饭，袅袅炊烟，在屋宇间飘散。在阳光下，那紫青色的烟霭透明透明的，煞是好看。

正当头是一座小庙，常年香火不断，这里的人在家的和在外经商的很多，少不了要拜佛求福。小镇以茶商为主，不过到这时，由于政府集中办了赵李桥砖茶厂，这里的茶商便也少了。

曾经的蒲圻本地话语音较杂，这地方是湖北、湖南交界之处，又是两省几个县的交界之处，其发音也和蒲圻城里的发音不尽相同。这里的发音，和离这里不远的新店一样，较为清脆，别有风味。

中午，我们回到师范学校内吃饭，学校食堂给我们吃的是大木桶蒸的木桶饭，木勺、木碗，真香。吃饭的时间，老师给我们讲了羊楼洞的来历，羊楼洞四面多山，只有中间低洼如洞，而这一带草木茂盛，古时有牧羊人在此泉水形成的小溪上，建楼牧羊……

羊楼洞圆通寺

新建羊楼洞茶生态产业园即景

羊楼洞老茶庄之一旧址

渠氏「长裕川」茶庄「川」字牌砖茶石模（晋商资料收藏者陈旭先生提供）

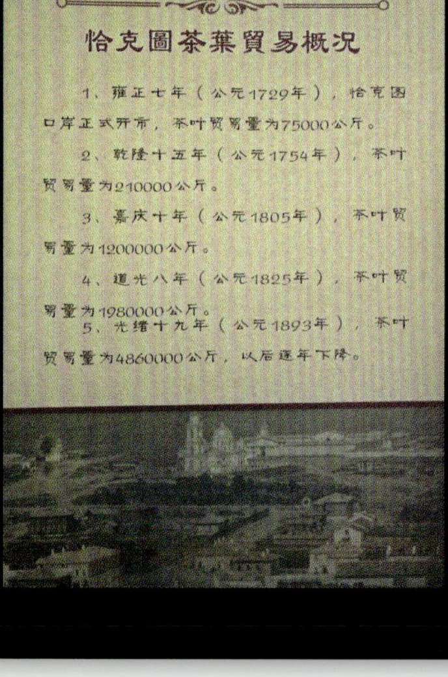

万里茶路水路起点之一——新店码头

赵李桥茶厂产品陈列室

赵李桥茶厂茶砖烘房

茶味

年龄到如今这样，从自己口舌间品尝过的茶不少了，绿茶、红茶、白茶、黑茶、乌龙茶、铁观音、普洱茶、龙井等等。搞文化的人，亲友们，宾客们都爱送茶给我。

上世纪九十年代末，我甚至喝过每斤上万元的茶。送茶给我的朋友告诉我，这茶是他们专程开车到粤赣湘交界的五岭山区深山里头去购得的。说是这茶叶是山岭里，甚至是岩壁上采摘的野茶，一年都采不了几斤。采回家后，精心制作成茶，用乡下的草纸包上好几层，然后用几层塑料袋包裹严密，存放在屋里专用的地窖的大瓷缸里，说是这样可以保持低温和严格防潮。车颠簸冒着险进出山，真是难得。买回来仅有的几斤茶叶，还购置了一个电冰箱专门存放。

的确，那茶在杯中放上一撮，倒上少量开水，略微温一下茶，那茶叶的香味真正是醇厚清雅，直沁口舌，透人心脾，美哉。

其实，那时我已经知道，我家乡也产好茶，羊楼洞的松峰茶。说实在的，一直到上世纪末，我还没有喝过家乡正宗的松峰茶。然而我却很早就看过松峰山和松峰山一望无际的、连山接垄的松峰茶园。那茶园如同把一个地球都绿透了似的，纵横排列整齐、起伏不断的、齐胸高的茶树一望无边，棵棵枝干粗壮，叶片茂密，这葱绿清香令人难忘。当时茶事已过，要是在清明前后，采茶女子们在个中穿梭忙碌，而那经冬后蓬勃萌发出新芽的松峰茶园，满山遍野，在拂动着的新春的清风里，蓝天、白云、流泉，好一幅春日茶园图。在茶山人的心目中，这才是胜过一切奇山异水的美景。

这里，记录下了她们最美的青春，展现着她们新的一年美好的向往，寄托着她们全家人永远的幸福。

松峰山以其得天独厚的独特位置，呈现出的那一片片连天的俊秀的绿，不能不说是吸引和感召着多少来到羊楼洞的人们，不论他们是万里而来的欧俄茶商，还是内蒙、山西来的商贾，松峰山都给他们留下了美好的印象，而松峰茶同样会给他们留下深刻的眷望。

松峰山首先是山好，特别是它是种植茶叶的上等好地。茶树喜好充足的相对柔和的阳光，茶叶依靠阳光进行光合作用，而且对阳光的强度、时间、光质都有要求。松峰山处于幕阜山脉末端，光照很适合茶叶的生长，这是其一。其次茶叶生长对温度的要求也在松峰山有很好的保障。茶叶生长最适合的温度在20到30摄氏度之间，松峰四围都是山峦，而且植被自古就好，每年的雨水稳定，周围为清泉围绕，流水潺潺不断。这里就是在暑季温度最高不过三十摄氏度多一点。

更重要的是松峰山的土壤，同样是生产茶叶的上佳之地。

陆羽的《茶经》说："(茶叶）上者生烂石，中者生砾壤，下者生黄土。"

从专家的理论上讲，土壤要讲其酸碱度，pH7为中性土，pH7以上是碱性土，茶是耐酸作物，以pH4.5 — 6.5为宜。松峰山山头和周围的山上山下都多长松、杉等树木，而专家认为生长马尾松、杉树、蕨类、杜鹃花等植物的地方，一定是酸性土。而且沙壤土对保水、保肥、通气有良好的作用。

松峰山的茶好，更离不开水好，记得早年的羊楼洞镇，镇子里常年有松峰山流下的泉水穿镇而过，而周围的许多泉眼汩汩地从山岩中、从地底沙砾中涌出，而后涓涓地向山下和远处流去，交汇起来，再而后水多了、大了，滔滔不绝、滚滚不息。特别是松峰山下羊楼洞镇附近的那个有故事的观音泉，更是闻名遐迩、美名远扬，这也莫不是羊楼洞人的一个骄傲。

有人说，水质对于品茶至关重要，是茶"性命攸关"的事。"轻""滑""鲜""爽"，直至有点玄妙可叹的"生磊"，这松峰山的观音泉都一一做到了。

水于茶实是重要。“扬子江中水，蒙山顶上茶。”“龙井茶、虎跑泉”（也有说“狮峰龙井虎跑泉”），这正是说明了茶佳水妙“双绝”之好。诸如此类，在我诗礼故国，清茶乐圃，可说是佳闻满天下。应知有碧螺春太湖水，君山银针柳毅泉，黄山毛峰人字瀑，雁荡毛峰大龙湫，武夷岩茶九曲溪，莫干黄芽剑池水，顾渚紫笋金沙泉，庐山云雾第一泉等。

茶好，水好，而且贵在是本地之茶，本地之水。特殊的地形结构造成了羊楼洞降雨充沛、雨热同期、盛夏不炕、严冬不冻的气候特征，以及山泉众多、众壑奔流的环境特征。

境内有九口清泉，其中观音泉、石人泉、凉荫泉三泉水量充沛，日夕涌流，穿镇而过，泉水冬暖夏凉，水质清澈。其中以观音泉为著名，据当地人讲，观音泉是“菩萨口吐仙水”而成，泉水清甜，解渴爽口。因为矿物质丰富，所以同等重量的茶，用观音泉水和普通水制出的砖茶差别很大，一是前者更重，二是汤色油润，香高味醇，素有“观音施水，得天独厚，自古天然宜茶”之说。

据说，在羊楼洞以观音泉、石人泉、凉荫泉三泉制成的砖茶的表面，被压上“洞茶·川”字样，这便是著名商标的由来……

光绪十六年之残碑《观音灵泉记》记载：“兹泉向系伏流（指源出崇阳伏岭），至同治时泉治……清洌异常，而居民逐掘井取饮焉……饮兹泉者病辄愈，于是树竿……”可见，上述传说由来已久。

显然，上述特殊的地理环境是羊楼洞人能够因地制宜地种植、制作优质“洞茶”的先决条件。

唐张又新《煎茶水记》云：“夫茶烹于所产处，无不佳也，盖水土之宜，离其处，水功其半。”离开了当地的好水，当地茶到他处，再好的水也只有美味的一半了。

本地水可育茶，而本地水泡茶，其本相融相合，益使茶味更加饱满醇香。难怪自古有了珠联璧合的妙语。这也应了有人品茶有四品之说，一品在香，一品在清，一品在甘，一品在活。这香、清、甘可携，惟有这“活”，离开了曾经养育了本地好茶的使之活的“活水”，就像少了茶的精华之本一样。

此米磚茶產于清朝末年（據考證約為一九一零年），為當時俄商監制，鄂南古鎮羊樓洞"聚興順"制造。產品下方為俄文說明，中部"牌坊"圖案已成為我廠米磚茶產品商標。隨着歷史變革，羊樓洞茶業幾經起落興衰，該米磚茶一直被民間老茶人收藏，解放后捐湖北省趙李橋茶廠珍藏至今。歷經近百年，該米磚茶紋理圖案清晰，輪廓分明，仍保持原有內質與口味。不僅具有飲用價值，又是一種高貴的工藝欣賞品，更因其存世稀少所蘊涵的歷史文化而成為藝術珍品。

湖北省趙李橋茶廠

百年米磚茶

2011年出土的18世纪英国制造的半自动压茶机部分

聚贤庄茶艺待客

古茶具

茶之路所思

第六届国际茶叶大会的会议地址为什么选择在赤壁？要知道，诗之国的中国也可以说是茶之国。

可谓多矣，在中国，可以称名道姓的名茶不下好几十种。诸如前几届选择的茶叶大会与会地在云南普洱茶的产地，福建大红袍、肉桂的产地，浙江龙井茶的产地等，这次在我故乡湖北省鄂南赤壁市。

赤壁产茶，人们未必知之，然而赤壁的羊楼洞产茶，却是闻名中外。特别是在中国的西北方，在蒙古，在俄罗斯，在欧洲的某些国家，提起羊楼洞川茶，人皆认为其是正宗名茶。现羊楼洞镇属赤壁赵李桥区，据说老牌川茶曾以赵李桥砖茶厂的名义外销，外商不认，点名要羊楼洞川茶，可见其于世影响之深。

也难怪，川茶当年在羊楼洞及经万里茶路远销，已有近二百年的历史。一个小镇，晋商、粤商、俄国商人等在此办茶号、兴茶庄、建茶厂、开银行等等，不下二百余家。内蒙牧民毡包内有川茶之香，必然会迎来嘉宾满座，喜气洋洋。那一块块的川字黑砖茶不亚于生命之珍，甚至有蒙民以有川字砖茶陪嫁为己之耀。

新近购得一书，名《茶之路》。书里较细致、生动地介绍了蒙顶甘露，峨眉绿茶，太湖阳羡茶和顾渚紫茶，余杭径山茶，云南普洱，滇红，闽东，闽北之福鼎，政和白茶，大红袍岩茶，正山小种，闽南乌龙，西湖龙井，皖南徽绿，祁红，潮州凤凰单枞，台湾茶等等，遗憾的是却没有羊楼洞川茶（或称黑砖茶）。

想是原因有二，一是中国名茶太多，二是著书诸作者见闻有限。皇城美女如云，名门闺秀众多，又谁知代表大汉远嫁异域的却是穷乡僻壤的秭归香溪的王昭君呢？写文章的同道们别忘了，自古“唯楚有才”。

说笑归说笑，还是回到我们赤壁市的这次大会，从省到所隶属的咸宁市再到具体经办的赤壁市，各级领导和有关单位都十分重视，光是准备工作就做了一两年，有高“才”何不举？有好茶何不荐？赤壁市和大会的主办、主管无不有一个共同见解，那就是：羊楼洞川字黑砖茶为名副其实的好茶。

赵李桥茶厂一瞥

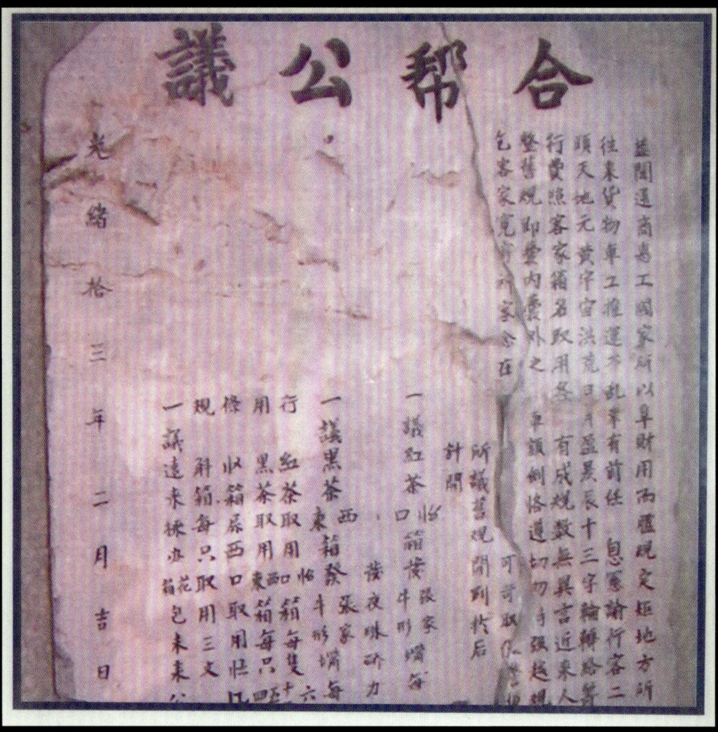

茶商合帮公议

羊楼洞观音泉（上下）

赤壁茶业大事记（附）

汉朝，包括赤壁在内的长江中游荆楚广袤范围内已经有茶和饮茶习惯。三国、西晋和南北朝时，茶由两湖进一步传到长江下游和华南地区。

隋唐时期，赤壁已经成为茶叶重要产区，是唐代名茶“鄂州团黄”的生产地。

唐陆羽（733—804年）著《茶经·八之出》载：“江南，生鄂州、吉州、袁州。”鄂州，旧州名，唐时辖境相当于今湖北武汉长江以南黄石市、咸宁市赤壁市羊楼洞等重点茶区。

宋景德年间（1004—1007年），官府曾将两湖饼茶销于西域各族，并与蒙古人进行茶马交易。

从元、明时期开始，朝廷就在羊楼洞常驻武官，设司管理，名曰“羊楼司”。

明永乐年间（1403—1424年），蒲圻羊楼洞开始制作圆柱形的“帽盒茶”，并出现专业运输的“捎客”。

清康熙年间（1662—1722年），羊楼洞就以其芙蓉山出产的优质茶而闻名一时。

雍正五年（1727年），沙俄女皇派遣使臣来华，订立《恰克图条约》，晋商在恰克图中方一侧迅即建立了一个“买卖城”（贸易集市），把从福建的崇安、湖北的羊楼洞和湖南的安化等地加工的茶叶经过长途运抵全部集中于此，俄商携货汇集到这里批发茶叶，欧亚万里茶路自此时开始。

乾隆年间（1736—1795年），晋商在羊楼洞和羊楼司开设茶庄，最早的是总号“大盛魁”开设的“三玉川”“巨盛川”两个小号，每年生产帽盒茶80万公斤。

嘉庆年间（1796—1820年），晋商以“陕引”就地压制“花卷茶”外销，羊楼洞茶叶加工已小有规模。

道光年间（1821—1850年），朝廷在蒲圻搞茶工商试点，茶叶种植、制作、销售一条龙，羊楼洞有山西、广东、本地茶商80余户。

道光二十年（1840年），羊楼洞有80多家茶庄制作红茶，产红茶250万公斤，由广商输往英国。

咸丰元年（1851年），羊楼洞之砖茶生产由晋商开其端，大小茶庄达60余家，羊楼洞茶叶的外销量年均15万担（约750万公斤）。

咸丰元年（1851年），以茶叶商贸起家的常家，最初是在福建武夷山购买茶山，移师湖北羊楼洞，进行采集加工，加入晋商在羊楼洞制茶的队伍。

咸丰三年（1853年），太平军占领南京，武夷山茶路中断，晋商各家进一步开辟羊楼洞和两湖交界处羊楼司茶山，羊楼洞成为欧亚万里茶路最重要、最兴盛的茶路源头。

咸丰四年到十一年（1854—1861年），山西茶商经营的羊楼洞各茶庄均制砖茶，年产1300万公斤。

咸丰五年（1855年），羊楼洞厘金专局成立，开办厘金税收。

咸丰九年（1859年）7月4日，中国最早的留美生容闳到羊楼洞考察，逗留两个月之久。

咸丰十一年（1861年），沙皇尼古拉一世皇族财阀巴提耶夫深入蒲圻羊楼洞等地，陆续开设制造砖茶的茶庄，改良压制砖茶的方法，改用蒸汽压力机，中国第一块机制砖茶便诞生于此。

同治、光绪年间（1862—1908年），羊楼洞的茶叶名噪亚欧，外国资本进入蒲圻，美、英、俄、德、日等国商人竞相在此办厂制茶，最盛时羊楼洞茶庄近百家，砖茶、红茶每年出口欧亚各国达3万多吨。

同治十三年（1874年），沙皇尼古拉一世的亲戚、贵族财阀巴提耶夫所经营的阜昌、隆昌两洋行，将在羊楼洞开办的茶庄迁到汉口新厂，用机器压制砖茶，把羊楼洞变成其原料供应地。

光绪年间（1875—1898年），羊楼洞茶砖生产进入极盛时期。

光绪元年（1875年），俄国人思诺福斯齐等人为开辟肃州（嘉峪关）茶路到羊楼洞考察，寻找新的有利可图的贩卖途径。

同年，王春琛在县城开办“兴隆茂”茶厂。

光绪十九年（1893年），晋商开始使用水压机制砖茶。

光绪二十四年（1898年），在张之洞的赞助下，商办机器焙茶公司在汉口成立，公司第一部茶叶压延机运到羊楼洞茶区开工制茶。

19世纪末，沙俄取得对华茶叶贸易的垄断地位。从此以后，羊楼洞的“川”字牌青砖茶因国内边疆市场缩小，销量日减，惨淡经营。

19世纪90年代，英国重点购买印度、锡兰（今斯里兰卡）红茶，羊楼洞红茶贸易量骤减。从此，羊楼洞又以产销老青茶为主。

光绪二十六年（1900年），在湖北官府的支持下，周恒顺机器厂首先为羊楼洞长盛川仿制一台茶砖机，接着羊楼洞其它茶厂订购成套茶砖机多台，羊楼洞制茶真正进入近代工业水平。

第一次世界大战结束后，各茶庄相继改制老茶，老茶庄有18家，年产茶砖18万余箱，约合750万公斤。

光绪三十三年（1907年），广东人魏鉴彬首次在羊楼洞用手摇发电机发电放映无声电影。

宣统元年（1909年），武汉劝业博览会上，兴商公司的茶砖获得一等奖，长盛川的茶砖获得三等奖。

宣统元年（1909年），清政府在羊楼洞设立模范茶场，附设茶业讲习所。

宣统元年（1909年），万国梁在羊楼洞创办振利茶砖总公司，资本额六十九万九千元，经营性质商办。

宣统二年至民国四年间（1910—1915年），年销砖茶达9000吨。

宣统二年（1910年），“新疆伊塔茶务公司”被新任伊犁将军广福奏请改为商办公司。在湖北羊楼洞设厂制造，所办茶类以红梅、川块（川字青砖茶）、米心、觔砖为主。

宣统二年（1910年），南洋博览会上，兴商公司的茶末砖荣获“奏奖”（一等奖），长盛川的三星米砖茶荣获“超等奖”（二等奖）。

清末民初，羊楼洞的山西茶商主要还有以下9家砖茶厂：“天聚和”“长盛川”“大德生”“兴隆茂”“宝聚兴”“三玉川”“天顺长”“巨贞和”“巨盛川”，共有男女工2500余名，每年制各等茶砖35000余箱。

民国元年（1912年），俄、英、德、日等国洋商仍设庄制茶，本国商人也争相在羊楼洞建砖茶厂。

1914年3月，粤汉铁路武昌至蒲圻段竣工前夕，湖北专门设立武羊（武昌、羊楼洞）火车货捐局，规定凡由铁路装运至武昌的茶叶，每包（150斤）纳捐铜元580枚。

1914年，粤汉铁路武汉机务段段长饶生阶，运来电报机1台，在羊楼洞开展电报业务，专为茶商服务。

1914年，农商部商业司将前清遗留的蒲圻羊楼洞示范茶场改办为试验场，示范观察，种植经营，有茶园50余亩，茶厂一座，以采制加工青茶及老青茶为主。

1915年，在美国巴拿马太平洋赛会上，羊楼洞长盛川的三星牌红茶（实际上是米砖茶）获金质奖章。

1917年，俄国“十月革命”爆发，汉口俄商洋行停办，砖厂销路受阻，洞茶年销量降至8万箱。

民国七年（1918年），粤汉铁路建成通车，洞茶出口不再依靠水运。

1920年，武昌至羊楼洞长途电话线架成通话。

1920年，羊楼洞“长盛川”老板张仲山（山西人）从武汉购得旧火车头一部，供压制砖茶动力之用。

民国十一年（1922年），羊楼洞茶庄“长盛川”老板张仲山，从武汉购回小发电机，容量24千瓦，供茶庄发电加工、照明。

1929年的西湖博览会上，兴商公司的茶砖获得一等奖。

1930年，因经费困难，羊楼洞茶叶试验场一度停办，其所有产业及设备移交蒲圻县政府保管。

民国二十三年（1934年），外商逐渐离去，羊楼洞制茶业仅剩5家茶庄、茶厂。

1935年，全国经济委员会农业处拨款，在主要产茶省整建茶叶改良场，羊楼洞茶叶实验场复建。

1938年11月中旬，日军烧毁羊楼洞观音口到湾上沿港两旁房屋上千间，拆毁栗树咀茶坊街全部房屋。

1946年春，“义兴”“聚兴顺”砖茶庄由湖北民生茶叶公司接收，更名为鄂南砖茶厂，并恢复羊楼洞茶叶改良场。

1949年7月中旬，中南军政委员会将羊楼洞仅存的湖北民生茶叶公司鄂南茶厂、复兴茶厂、义兴茶庄、聚兴顺茶庄、天源茂茶庄进行接收，成立“华中茶叶公司羊楼洞砖茶厂”，后更名为“中国茶业公司羊楼洞砖茶厂”。

1949年12月16日毛主席第一次访问莫斯科，将蒲圻茶叶作为斯大林七十寿辰礼物之一。

1953年4月，羊楼洞砖茶厂自羊楼洞迁至赵李桥，并将咸宁柏墩及汉口等地的茶庄合并，更名为“中国茶业公司赵李桥茶厂”，如今仍然是全国生产规模最大的青（米）砖茶生产企业。

1970年，羊楼洞茶场成为武汉市委“五七干校”所在地。原武汉市副市长邓垦，曾任内蒙古自治区党委书记的王群，曾任湖北省常委、武汉市委书记的郑飞云，原武汉市委常委、副市长袁善腊，著名作家姚雪垠等下放于此。

1981年4月中旬，湖北省委书记陈丕显陪同解放军参谋长伍修权来蒲圻调研茶工商试点工作，并给予高度肯定。

（钱红平整理）

陆水清波

黄龙山只脚楼远眺

黄龙山琐记

我登黄龙山，是为了看水。

赤壁许多人都知道，养育了世世代代家乡人的陆水河的发源地在黄龙山。

长约160公里的幕阜山脉，呈东北—西南向，绵延于湘鄂赣三省边境。其山峰多在海拔千米以上。黄龙山海拔1511米，它位于湘鄂赣三省交界处。西南侧属湖北的通城县县境，东北侧属江西修水县，东南侧属湖南平江县，是幕阜山脉尾端最高的一座山。

这天，我约了位于咸宁温泉的湖北科技学院鄂南文化研究中心的定光平主任和何岳球副主任，一同专程到黄龙山探察陆水河的发源地，何副主任是离黄龙山不远的通城县陈段镇人，我们请了她父亲当我们的向导。

陈段镇出来不久，老向导便告诉我，已经到了隽水的上游。在隽水的一座桥边我们停下车。

其实，在我眼前的隽水，不过是小溪一般。虽说河床还比较宽，大约四五十米，平日流水经过的只有中间那一小部分。

小溪一般的隽水轻快地流淌着，河床里长满了碧绿碧绿的草。小鸟在小河上、草丛中自由自在地飞来飞去。小黄牛依偎着它母亲，静静地栖息在河床中央的绿草丛中。两岸的村舍炊烟袅袅，农人扛着锄慢步走向岸边树林的深处。

车沿着这四处田园牧歌般的道上继续前行，越走这种感觉就越是浓厚。

这里没有大工业，没有大企业，除了小村落和桥头附近的小集镇外，剩下的就只是连绵的青山、葱绿的原野、蓝色的天空和白云。这隽水，也就是陆水河的上游，就是从这里源源不断地向下流去。

黄龙山俯瞰

只脚楼

上坡、下坡，拐弯、再拐弯，车沿着小河往前开，空气清新极了。

什么时候进的山，不清楚，只知道偶尔回头，发现车已经在上山的道中。身后的田园村落渐远渐低，而此时上山的坡度也渐渐大了起来，弯道也多了。林木遮掩住了前方的山。

忽然，一群黄牛出现在我们眼前。牛群慢吞吞地走着，鸣笛是不起作用的。好在牛群不一会就在路边停住了，显得十分从容自如，似乎丝毫没有感觉到我们的存在。走在前头的老一点的那头牛慢腾腾地趴下，两头小牛崽各自依偎着它们的母亲，不停地撞击着母牛的乳房，母牛静静地站立着，任凭小牛崽的举动。

车过了一个弯道，右下方出现了一个比较空旷的山谷，只见那里岩石嶙峋，高矮不整，错落无序。

“那是一个小水库，自然形成的。现在是水少的时候。”老向导告诉我说。

的确，那是一个难得的原始状态的水库，是陆水河上的第一水库。它对于隽水起到了不可或缺的作用，对山下的村镇居民、良田沃土、生态平衡起到了很好的作用。

在上山道中的一个人家门前的小院场里我们停下了车。已经十二点了，老向导决定在这个人家里吃午饭。我相信向导早就做了在这里吃饭的准备。只见这人家门口的屋檐下挂着好多腊肉、腊鱼什么的。

看得出，我们已经来到离山顶不远的地方。只见对面的山那边群山逶迤，纵向连绵直通天际。不远的山头上一片云蒸雾绕，那山头似乎缺了半边似的。浓密的云气在那里笼罩着、翻腾着、飘动着。一会儿云雾向下，掩住了山头下稠密的林木，一会儿又飞腾起来，融进上空的云际……

“那里是只脚楼。”不知什么时候，老向导站在我身边，他说。

“有一年我去过那里，只脚楼常年都是那样，有很大的山坳。崖壁下的岩石中有一块大岩石，那个岩石下面有泉眼，泉水不断地朝外冒。泉水从石头缝中从不停歇地往下流，老人们都说，这就是隽水的发源地之一。

黄龙山的泉水多，这是比较大的一个。”

我想也是，你看那山。有言道：云从龙，风从虎。这不就是黄龙山么?

午饭后，我们驱车继续朝山上驶去。车往上行，一旁的云雾越来越多。云雾浓的时候，灰色的云团直往车窗户上扑来。

云飞雾走，日午如晦。朦胧中，在一个昏暗的城门前一旁停了车。下车后，走到城门前才看清，城门上端端正正地镌刻着三个字——天岳关。其实这城门城垣很短，反而显得关口很壮，它给人的感觉是震撼。

中国有五岳：东岳泰山，南岳衡山，西岳华山，北岳恒山，中岳嵩山。这里虽说不是黄龙山的最高峰，却被冠名天岳，可见它在人们心目中的地位。黄龙山比中岳嵩山最高的太室山高出70多米。

此关雄峙黄龙山，一关界分赣鄂湘。放眼望去，这关内是湖北，关外是湖南和江西。站立关口，真可谓“荡胸生层云，决眦入归鸟”。亦有“极目楚天舒”之感，要知这关内、关外在古时曾都是大楚之地。

天岳关可以说是顶天立地，关的两旁向下的山势陡峭，岩石嶙峋。关内的一侧山头上建有一座庄严的抗日烈士纪念塔，塔的两旁是各十枚石头雕刻的大炮弹，而塔顶是一个战士高昂的头。塔前有一座硕大的丰碑，上有蒋中正为英勇抗日、为国捐躯的将士们题写的匾额——“气壮山河”。

走在登塔青松拥簇的长长石阶上，两旁多有石碑，都是许多来自全国各地的爱国人士自发树立的。大多数碑上都没有捐碑者的姓名，碑文诸如“威镇殊俗”“成仁取义、典式后起”“功盖天地、死重泰山”“浩气吞日”“人类之光”“与天岳共存”等等。

天岳关险峻的岩石上，山坡前，到处都开着花，花上浴满了水珠。这水珠在感恩的人眼里，岂止是水珠?

看完天岳关回到车旁，回头看自己，浑身早已是一半是汗水，一半是云水。

黄龙山只脚楼山泉（上下）

只脚楼山泉形成的细流（上下）

下山途中，在一座小石桥前，老向导要我们停下车。“这应该就是只脚楼上流下来的水。”向导指着从山上流下来的水说。

如果说，这就是只脚楼流下来的泉水的话，到这里已经成为涓涓细流了。的确，这清澈的细流，是从只脚楼的方向流下来的。从那一片片郁郁葱葱的楠竹林里流下，从满坡岩石中流下，从花草丛中流下。一股、一股、又一股，股股细流在不断地聚而分、分而聚，却始终朝着一个方向，朝山下流去。

我久久地凝视着这水。

我不停地用我相机的镜头摄取它们美的姿态，我用我思绪的链，把它和我故乡的陆水河紧紧相连。

“天地有大美而不言”，这不就是么？

从古到今，无时无刻，它们流淌着。流向山下，流向隽水，流向陆水，流向长江，流向大海。

真想为它们写诗，但不能。诗会把人带进另一个世界，而我眼前是现实。

再往下，过了一个小村庄，老向导带我们来到一座石拱桥下，那水自然还是只脚楼上流下来的水。山上下来的水到这里明显多多了，水质依然是清澈透明，从石罅中轻快地流下。在水边，那被山溪激流早已磨平了的大小错落的山岩，以及那裹着大小不等盛满水的碧玉一般的小石潭，罗列着一同朝山下蜿蜒而去。

桥下不远处的草丛中，有一个小小的造纸作坊。一个年轻的师傅正在那里忙碌着。

作坊是用木头搭建的，简陋却实用。靠山吃山、靠水吃水，作坊靠一旁的一个用木头自制的直径约莫有两米高的水车作动力。一旁还有一个已经废弃了的水车，早已布满了苔痕。

虽说这作坊生产的只是供当地人用的很粗糙的纸张，它却是从黄龙山发源的隽水，及下游的陆水河最上游的“第一个工厂”，是从黄龙山发源的隽水、陆水对我们所作的第一个贡献。

黄龙山下山细流

黄龙山麓简陋的造纸作坊

陆水源头碧波

雨中洪下

两次到洪下都是下雨，这次是在清明时节，“雨纷纷”也不为怪，幸好是小雨。

车沿蒲崇道行，过了雪峰山，便到了洪下。右手边有一条半边街，左手边是河。人家不多，田地也不多，看来村里人应多是以山林、打渔为业。

下了车，摆好三脚架便开始拍摄，同行的年轻小伙伴为我打伞。

河水比上次大了许多，春汛水涨，河水浩浩汤汤，河面上浑然一片。雨不大，可见度还行。河对岸山峦起伏连绵，山下几处零落的村舍，林木掩映，清静幽雅，真是好境地。河中间是一片葱绿的小树林，岸边三三两两歇着船，还有竹筏，河水流去的远方有正在划动着的小船。两岸耸立的山，天上流动的云，舒展飞翔的鹰……这雨中，俨然一幅活生生的美妙的山水画，而且是淡墨山水。

河水静静的，涟漪迭迭，微风轻轻。离我们不远处的那棵开了紫色花的树，在雨中显得分外娇艳。

洪下这地方，原来属于赤壁市，后来地域重新划定，改为崇阳县所属。

洪下是陆水的必经之地，它的上游为陆水河的上游。从黄龙山发源开始，流经通城全境、崇阳全境，全长二百余里，都叫隽水。洪下之下，便是陆水。

隽水到了洪下，忽然变得宽阔了起来。两岸的青山葱葱，往下望去，陆水河的水面就更宽更深了。这一带晴日烟波浩淼，雨天水气连天，一直沿着西北方伸向远方的山峦深处。

何谓洪下？是否是山洪直下之意？我想。

这时，离我不远的河心那片树丛旁出现了一条小船，小船上一个穿着

浅红色塑料布雨衣的女子，正驾着船。一个穿着蓑衣的中年男子，手里握着一根竹篙在树林边的水面上一上一下地挑拨着什么。仔细看才弄清楚，他那是在做河面的清洁，清除这洪汛期从上游飘流下来的渣滓。看着他们的一举一动，我由衷地对站在我身边的小伙伴说：“真是不错。”

洪下眺陆水

陆水泊舟

雪峰山樱花

按农历来讲，还是在乙未年的正月。快到正月十五了，约了同伴一同去登雪峰山。

一带绿水，四围青山，加上有千岛湖之称的陆水水库库区，雪峰山是远近闻名避暑的好地方。好在它在暑期比一般地方气温要低二到四摄氏度，晚上甚至能低八摄氏度左右。

车上雪峰山要经过雪峰山林场。沿山路蜿蜒前行到达后停好车，步行去登雪峰山海拔430米的主峰丫髻山。

上了丫髻山，眼前豁然开朗。下午四点了，偏西的太阳金辉如璧，陆水库区碧水如兰，螺洲蟹屿在湖面的金波里如翡翠呈艳。湛蓝色的水面上水鸟驮金，翩翩往来……

丫髻山之名来自传说，而我眼前的却是现实。给我印象最深的，是山头怒放的樱花，一种野樱花，和清明前后漫山遍野、一望无际开放的葛仙山樱花一样。不同的是，这里只有几棵樱花树。

花自然而然地开放，无人打理。来赏花的人不多，它却依然开得十分艳丽，十分精神。

今天风虽不大，但有风。风摇动着那几树樱花的枝干，要拍摄得久久地等待，等着那瞬间，风稍停、树稍静的那一刻。

花朵是绯红绯红的，红得生气盎然。而花瓣色由绯红转粉红，红得秀雅。特别是，她们的花瓣都不大，不如武汉大学老斋舍的樱花那么大朵大朵的，在花开季节拥簇着开放，彩云一般，呈现给树下拥簇着的人潮观赏。然而它却经得住寒风的无情，在寒风里开放，在风雨中生存，显示出了一种内在的令人感叹的高贵品质。

我在一些视频的专题介绍里，见过“樱花之国”日本的一些有代表性的樱花故地，奈良吉野山、岚山、海津大崎、角馆、北海道松前等等。那株已经有一千五百多年的江户早樱，树的枝干差不多都是用密集的立柱支撑着，但却依然是一年一度繁花似锦。

然而，在我眼里，最美妙的还是我们雪峰山的樱花。

我久久地注视着这樱花，它是何等的境界哟。春意初启，净绿瀛溶。它却在这 高山之巅，迎着料峭寒风 ，从不希冀游人的眼眸， 在一旁静静地开放。静悄悄地将自己的美丽，献给这峻美的雪峰山，献给蓝天下陆水水库的清波，和翡翠珍珠般的库区螺岛……

下山途中，回想起刚才看到的樱花，我不禁油然地想起王安石的那首诗:

墙角数枝梅，
凌寒独自开。
遥知不是雪，
为有暗香来。

这樱花，不同样有着寒梅那样不争自雅的境界么？想那几树野樱花，在晚霞的余辉中，不知又是什么样的景象。

雪峰山丫髻山观光

陆水水库一隅

黄龙山天岳关

天岳关抗日烈士纪念塔及碑林

击水上游一景（上下）

陆水驾排

天麻麻亮，么儿跟在父亲后头，纵身一跃，上了这昨天刚刚编好的竹排。那水花“嘭”地从竹排的缝隙里溅了起来，弄了么儿一身水。么儿乐呵呵的，望着站在一旁正在注视着自己的父亲憨笑。

“当心点。”

这是么儿第一次学驾竹排。暑假期间，作业不多，常常看着父亲他们一帮人陆水驾排，心里早就痒痒的了。那时他才十六岁，个头长得还可以，有那么点蚱蜢力气。

因为在陆水桂家畈建水库，建水电站，么儿的家在荆泉，那里将会成为一片汪洋的库区。舍不得离开是自然的事，世世代代的故土，一草一木的亲情，忽然要离去，永远地离去，谁都会留恋。一九五八年水库动工，政府在那里做了好多工作了，要顾全大局，也只能这样了。

政府安排了陆水河下游接近赤壁镇、陆溪口的柳山湖，那里将是他们未来新的家园。

每个人都准备了五十个馍馍，还有一瓶酒。竹排从陆水的荆丝观附近的滩头开始放出，一路首先要经过为修水库、建电站排水开出的新河。而后顺次经东洲、宝塔山、黄龙、车埠、皂潭等地，最终到达目的地柳山湖。全长一百几十里水路，顺利的话，当天晚上就可以到达。

竹排出发不久便是一次惊险，那就是过新河。

新河狭窄，水流湍急。么儿手里举着竹篙不敢乱来，两眼直瞪瞪地紧紧盯着父亲的一举一动。

父亲是老船工，这陆水像他的亲人一般，陆水的习性，他再熟悉不过了。那根长长的竹篙，在他手里摸了多少年？折断了多少根？不清楚。只知道这

陆水库区一景（姚东旭摄）

根湿漉漉的竹篙一程又一程，顶在胸前的肩膀上，推着竹排或者船前行。顶着竹篙从排头走到排尾，然后拖着竹篙又从排尾走到排头，一天要走多少趟，数不清。记得很多年前我读过一首词，什么词牌记不清了。“想当初，绿鬓婆娑。自归郎手，青少黄多。历尽几多风波，受尽几多折磨。莫提起，提起珠泪撒江河。”看起来，这词形象而且生动，表面上写的是驾船用的竹篙，实际上句句写的是从前船夫的苦。如今船工的生活和待遇和从前是两回事，有着本质的不同。

么儿学着父亲那样，上下滑动着手里的竹篙，瞄准下篙的方向和部位，然后用力去撑，然后用肩胛去顶……

么儿的衣服打湿了，那竹篙上的水顺着他的手、顺着他的手臂流到了他身上，而溅起的水花打湿了他卷起的裤腿。

父亲看着他那认真卖力的样子，看着他被打湿了的衣裤也不作声。其实父亲的衣裤也有点湿了，一是汗水，一是河水，不过比么儿好一些。

新河过了，到了离县城不远的鲫鱼桥。

到鲫鱼桥要转运，竹排要按规定编排扎牢，然后正式启程。

正规的竹排一般是25根楠竹为一页排，两层。然后接下一页，中间衔接处三尺左右，如此页页相接到十页左右。穿排不用绳，而是用竹篾片捆扎。只走河道的河排一般用四根篾、一根青篾绞合成一股篾索扎排，走江道的用七根篾合成一股扎排。不过江排每一页得三到四层，这样浮力大，稳当。

从鲫鱼桥出发，到宝塔山下差不多是个直角的急转弯，然后一路朝下，再前边就是黄龙了。

父亲把么儿叫到身边，指着排的前方说：“前边就是黄龙，是一大险，要特别小心。看着我怎么做，千万别乱来。”

么儿收了篙，找地方坐了下来，这时么儿才感到有点凉，幸好是夏天。他从竹篮的土布包里掏出两个馒头……

陆水河黄龙镇码头（上下）

黄龙是陆水河一险，这是当年世人皆知的。黄龙水域礁石盘桓，如蛟龙横亘水中，而且潭深水急，暗流涌动。自古大一点的船到黄龙便不能再往上行，黄龙也就成为了陆水河上的一个大码头，黄龙镇也由此而生。大船上的货物到此下岸，或转小船，或换作车马、人力运输。好在黄龙镇离位于鲍口的蒲圻城大约十多里地，不算太远。

竹排渐渐驶近了黄龙礁石群，父亲紧张了起来，把竹排拨正了方向后，迅速举起竹篙朝着前方。

近了、近了、近了，只见父亲迅速果断地伸出篙，那包了铁头的篙只是在迎面而来的石上轻轻一点，然后用力一撑，那竹排立刻来了个大拐弯，绕着礁石迅速地朝下驶去。

之后，父亲告诉么儿，这一篙很重要，点得不准的话，篙尖插进了石缝，如不赶快扔篙，就会被篙拖进水，那样不出危险也会落得浑身透湿！所以排上都得要准备两根竹篙。

车埠是原蒲圻城西一个比较大的镇，走陆路经茅山大约三十里路可以到，距赤壁古战场大约也是三十里。这些知识父亲自然要讲给么儿听，父亲一边驾排一边对么儿娓娓而谈。说是三国时期之前没有水车，赤壁之战之前有一年大旱灾，当时屯田在蒲圻的东吴校尉陆逊既是江东名士，又是青年才俊，他发明了水车，首先就用在旱情最严重的城西三十里处，现在叫车埠的这地方筑起了车水的埠头，昼夜不停地从陆水河中车水灌田，缓解了旱情。从此，当地的老百姓就把这地方叫做车埠，而且据说陆水河之所以叫陆水，也是为纪念这位治河有功的陆逊的缘故。

“车埠这地方水面比较宽，滩多，要当心竹排搁滩。”父亲提醒么儿说。

车埠再往下就是皂潭，那是父亲早就对么儿提到了的，是放排的又一险地。放排的人都知道，如果说黄龙之险靠的是好把式的经验的话，那皂潭靠的是一生的功夫和力量。船夫到了皂潭，不会水的，身体弱的都要上岸，从岸上走到下边去再上船。他们这样也是没有办法，特别到了下雨天，那小路泥泞裹足，又深又滑，一步三扭，简直不是人走的路。当时城里的班车只到小柏，七角钱的车费。小柏要走几十里的山路才到柳山，同样是不好走。

皂潭那里有一段长三四公里新开的河，上下水位落差几十米，水流湍急不说，河道九十度的急转弯也叫人够受。

父亲把么儿留在排上，他知道么儿水边长大，水性好，不过不让他操篙罢了。父亲的用意，么儿当然知道。

毕竟柳山是排上所有人的目的地，是他们未来生存和发展的新的故乡，是大家共同称呼的“前方”。坚韧、顽强、百折不挠，是他们，也是中华民族共有的美德。

过了皂潭，水流平缓了下来，渐渐前边河边的那座古塔也越来越清晰。

父亲掏出了包裹里最后的几个馒头……

陆水水库副坝开闸排洪壮景（上下）

副坝开闸排洪景观

雨中洪下

陆水河入江口

陆水下游一景

赤壁五大山一景

落叶归根

他们老家在雪峰山过去一点。

老俩口又回到老家去了，在陆水河边。

回到那里，老俩口变得高兴多了。恢复了平日在城里子女们家里难得见到的轻松，虽说城里条件好，子女们也孝顺，但毕竟，还是老家好，那里有陆水。

陆水河，伴着老俩口的生，伴着老俩口当初的成长，伴着老俩口成家立业，伴着老俩口相濡以沫到今天。

陆水河里的水，映照过曾经疼爱老人的父母和祖辈，摇荡过老人打鱼为生的小船。有过汗吗？有过，在这河里边。有过泪吗？也有过，在这河里边。有过爱吗？有过，在这河里边。有过恨吗？也有过，也都在这河里边。哪一口食粮，没有这陆水的滋味？哪一口水，没有这陆水的滋味？

老俩口又回到老地方去了，回到了陆水河边。

就在去年下半年，老头子走了，他都快一百岁了。按家乡的说法，这是白喜。老伴还在那里住着，她听老伴的话，守在陆水边，那里是他们永远的家乡。子女们孝顺，专门请人照料母亲，他们也都经常回去看看。

亲不亲，故乡人，美不美，家乡水。

泾渭分明的陆水入江口

陆溪口陆水河大堤

洪汛即景

一位老乡应我之约，在他单位忙到十点多才到我寓居的新九龙酒店，因为忙，我想要了解的陆水河的情况，他没时间和我细淡，当然有点扫兴，只好作罢。这位老乡离开后，我去了一位摄影师那里，他约我午饭后去拍摄陆水水库的一个副坝水闸排洪的景象。

看到那副坝排洪，叫人眼前一亮。

水从数十米高的闸道喷涌而出，如海啸一般，水浪奔腾，汹涌澎湃，声若雷动。水花飞腾扑空数十米高，此起彼伏，水雾飞动如帘，密不可散；水色如乳，迷漫四壁。泄下之水如万马脱疆，直扑堤岸，争逐如竞兽，滚滚而下。

平日的河岸，早不见了踪影。只见这赭褐色的激流，浩浩荡荡直泄而下，而下游平日堤岸的花坛，许多已经被激流淹没……这就是汛期排洪的陆水河。

留下陆水洪汛期间的印象，那是在我年幼之时，一九五四年特大洪水，是我终生难忘的。蒲圻城里的水，涨到都快到铺门角上了，地势算高的蒲圻城差不多被淹了一半。

站在城中高处看，湍急奔腾的陆水河，宽阔无边，城对岸的东洲上，平日那炊烟袅袅的村落、房舍都只剩下屋顶了。有的看着看着，就倒塌淹没到水里了，只剩下了一片泥浆一般的洪水。

那屋梁、房柱什么的在顺流而下；那四脚朝天、泡肿了的猪、狗等牲畜在顺流而下；那脚盆、农具什么的在顺流而下；那成捆稻草、木柜、木箱什么的，也都争逐着顺流而下……

眼前的情景，使我不得不放下曾经的惊愕和忧虑，调整好情绪，摆好三脚架，用另一个新的角度，为陆水洪汛期泄洪的壮观写真。

可以说，这清明的陆水洪汛，早已成为了赤壁雄浑壮美的观赏胜景。

石城旧事

位于赤壁市蒲圻古城城北卧龙山上的白云台

白云台东南向一瞥

白云台遐思

乙未年春节过了不久，我再次到了赤壁。自然要到谢止戈老师那儿去，一算是拜个晚年，二是想得到老人家关于赤壁的新的指点。

和往常一样，谢老师十分热情，却也心照不宣，知道我的来意。

“今天我们去白云台看看。”已经八十多岁的谢止戈老师精神矍铄。他是湖南桃源人，五十多年前就来了赤壁，一直从事教育、文化工作，是当今赤壁最老的画家。谢老师对赤壁文史颇有研究，对许多问题有其独到的见解。

我们从东洲大桥过河，沿着陆水河的东洲河堤往北走，一路谢老师给我讲解了他了解到的蒲圻石城城墙的用料，是如何来自丰财山山后，如何通过赤马港将成形的石材运到石城工地，如何赤马港的“赤马”其实是一种不大的船，而不是马，如何当年在丰财山山后尚有未完成的石材等等。

过去东洲沿河人家很多，大多都姓鲍，以农渔业为主。这里和蒲圻城关仅一河之隔，解放后这里的农户渐渐改种蔬菜，满足城里的需要。而今，因为新市区建设的需要，东洲已经大变了。不过临河还有一些土地和农舍，也算是城中村了。

沿东洲河堤我们来到北门对岸的卧龙山，这山不算高，但比较长，也宽。起伏不断从东洲一直通到河北街那头，上千米。经过市政府的打造，如今这山上已是林木葱茏，花草俊秀。山上铺起了有阶有亭的石砌的小道，于是有人称这山是花果山。的确，山上果树很多，有多少种我不知道。但只见山头上有许多正在开花的樱花树，那花开得灿烂、绚丽，在初春的山野中显得分外明艳。

谢老师还真行，眨眼的工夫就登上了卧龙山。他把我叫到山头上一块大岩石前，让我好好看看我们眼前的那块岩石。

只见那是一块黑褐色并不算很大的岩石，似乎并没有什么特别。谢老师给我讲，要注意那上边的字。认真地看去，果然，那上边镌刻有字。

—— 白云台 元祐癸酉四月朱履常题刻

字都刻得不怎么样，那“履”字甚至有点认不清，但都还清晰，白云台三个字大一些。很明显这人不是什么书法家，镌字的能力不强。然而看得出，镌此字的人是情动于衷。

元祐，宋哲宗赵煦年号，元佑癸酉为元佑八年（1093年），距今已经九百多年了。

我们不妨设身处地地想一想，当时朱履常这人常常衣衫飘飘，独自或携友伫立卧龙山头。展目四望，但见蒲圻城廓起伏蜿蜒，盘桓于鲍口之地，城中石坊阁榭，朱梁画栋，炊烟袅袅，车水马龙。四围青山逶迤，云蒸霞蔚，丰财山敦实 华美，金紫山摩天接岭，凤凰山展翅欲飞。更有陆水河滔滔东南而来，绕城四门滔滔西北而去。更有河中往来河渡，叶叶扁舟，沙鸥弄水，白鹭翔集，鸦鹊噪林……此情此景，朝辉夕阴，四时不同，怎不令人感慨由衷?

而今我伫立于此，举目环顾，故地早已换新颜。明清建成的石城依然坚实如旧，迎薰、聚奎、拱极、通汇四门依然壮观。峨石宝塔历历在目，大沙洲古寺钟鼓可闻。四山凝霞吐翠，水库电站峙立，高铁桥、高速路桥、铁路桥、公路桥桥桥畅通。更有赤壁新市区楼宇鳞次栉比，商厦林立。

入夜，白云台下，陆水如镜，星光渡云汉，晚风拂翠浪。波映两岸灯火如练，城楼廓灯辉耀夜空，车流如龙，人影如织。想此时邀得三朋四友，于此享河谷清风，谈古今趣事，悠然自在，岂不乐而忘返。更不说年节之日，石城内外，火树银花，灯星交辉，满城轻歌曼舞，一片吉庆祥瑞……

留连之际，还是谢老师提醒了我，该走了。

当然应该感谢老人家，作为一个赤壁人，却不知道这白云台，不知道这赤壁市蒲圻石城观景最美妙的地方，实是惭愧。

赤壁丰财山

蒲圻古城北门

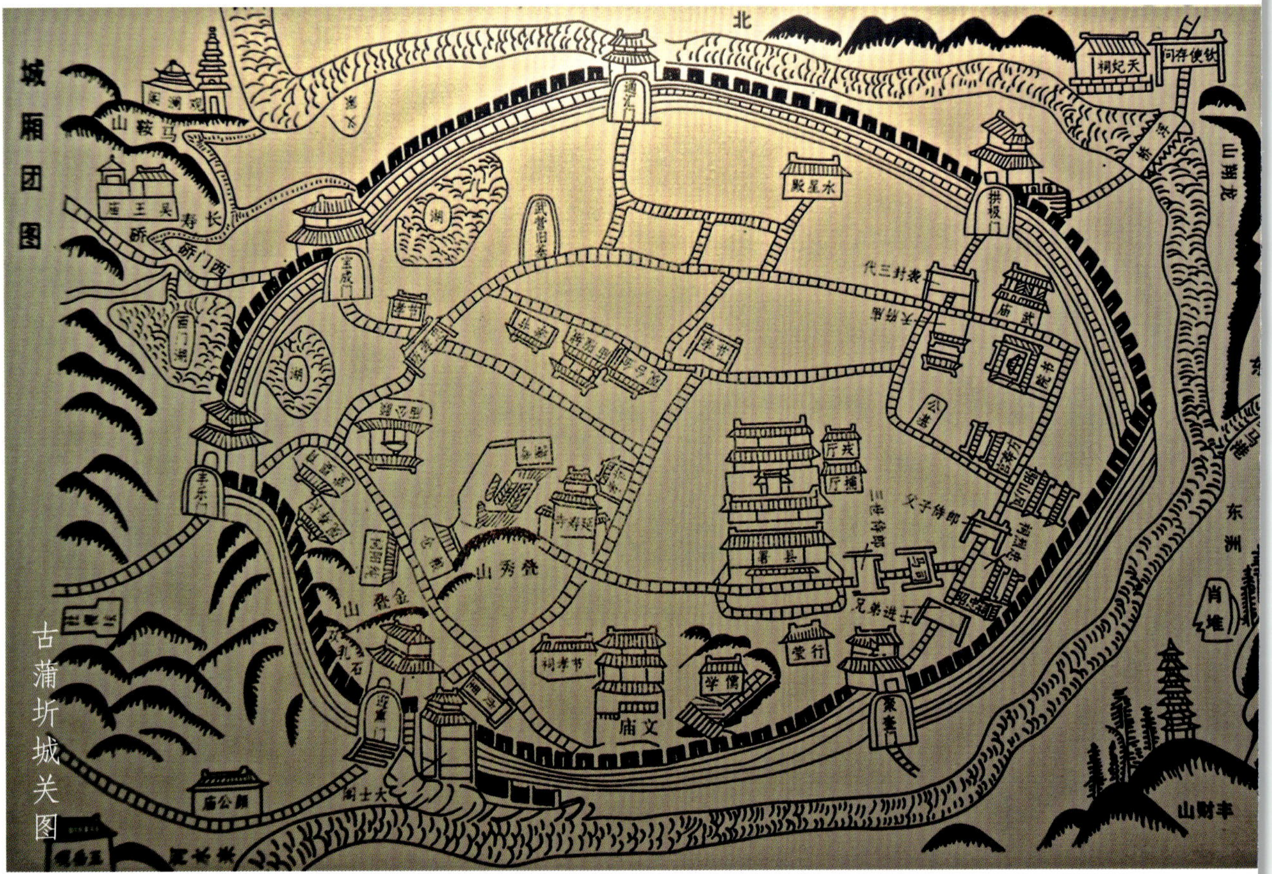

古蒲圻城关图

小城故事

还真是这样，小城故事多。蒲圻的城倒是少有的古城，它美。美在它的敦厚雄伟，清一色的大青石琢成的砖块，中间用糯米浆黏接，牢到如今已经大几百年了，却还是丝毫未损。那石缝间的石浆，乳白色，从墙缝隙中沁出，那是岁月的苍痕。而那六个城门，如今除了有两个被拆除了，还有四个。看看这城门洞，摸摸那青石的城壁，谁会没有一种沉甸甸的情感呢？它可是蒲圻城世世代代不变的印证啊。从这城门里无论是走出还是走进，也无论是从这门走出多远多久，哪怕是走到天涯海角，它绝对不会走出你的记忆，走出你的情感，因为那里有你的祖祖辈辈，有你最亲最亲的人，有你的理想所生所寄，有你心中永远挥之不去的敦敦实实的美。

蒲圻城城垣的大青石砖有多少？我想现今谁也没有数过。只知这城曾方圆有数千米，这城高最低处最少也有五六米，而城墙的厚度也有数米。这工程算来不简单，据称，这青石大多都采自城东南方丰财山后，在那里经大批工匠日夜凿制成形后，经赤马港船运至陆水河，然后运到所需建城的基地，据说那里还有已经凿制而未成形的青石。

其实，这也是赤壁这地方得天独厚的，因处于幕阜山脉，多石而水流纵横，便于运输。

据史料载，当时的蒲圻县的县治迁鲍口后，到明万历三年（1575年）才有城垣。不过那时只是一个土城，土城起了一个御防洪水的作用。因为鲍口这地方南高北低，洪讯一来，淹水是常事，而土城抗洪能力毕竟不强，屡筑屡圮。

明崇祯三年（1630年），知县林增志命人将北门用青条石砌成城墙，以御水患，效果甚佳。

清乾隆五十八年（1793年），知县永保将整个土城都用青石筑成，历时四年，民工数千，完成这丰永之功。六个坚固雄伟的城门，除丰乐门、宝成门现已拆除，尚有聚奎门（东门）、迎薰门（南门）、拱极门（北门）、通汇门（水西门），至今仍是蒲圻古城的一道最靓丽和最有代表性的建筑物和风景线。

“甲午经魁”“戊戌进士”。

俗话说老年的人是早先的事记得清清楚楚，跟前的事，转头就忘。的确，对小时候的记忆，总是记得那么真切。

从我们家院子的后门出来，是当时的县政府。县政府左侧是公安大队，再左侧是人民广场，广场再往左是陆水河。县政府的前面有一个又高又大的石牌坊，过了这牌坊往东不远又是一个石牌坊，不过稍小一点。再往东，就是东门了。东门是俗称，它的大名叫聚奎门。奎，奎宿，二十八宿之一，与壁宿并称，主文运，奎垣，文人荟萃之地。那么这东门的寓意，应该是说蒲圻古城是个文人荟萃之地。

取名由愿，这名实在也取得好。却见这石牌坊，一面居中的石匾是甲午经魁，一边是戊戌进士。石牌坊富丽非凡，大小三门，中间大门之下石柱之前各有一个石狮，口含如意、绶带等。而不远的石牌坊中门下则是石象，这狮、象都雕刻得栩栩如生，给人祥瑞之感。

1995年出版的《中华人民共和国地方志丛书——蒲圻志》载曰：

“蒲圻山川灵秀，人才辈出，明清二朝共出举人241名，会进士56名，其中有祖孙三代进士、兄弟同榜进士，有父子侍郎，也有同科7举人。明代有‘后五子’之一的魏裳、大学士廖道南、祭酒魏观，清朝有工部尚书贺寿慈、海岳游人张开东。近现代知名人物有追随孙中山革命的但焘、黄昌谷，有早年英逝的共产党员周逸群、张计储，有教育家马君武、刘树杞、张进，有书画家张国溶、贺良朴，有方志学家张国淦，有建筑家鲍鼎等。”

常言道，地灵人杰，赤壁这地方，西南大江雄波，气袭云梦大泽，东驿吴越文华，水纳幕阜高泉，北享江夏殷富，南应衡岳诗风。自当是翰墨飘香，儒雅为尚，诗书传人，礼仪非凡。

蒲圻古城南门

脚步声

那整齐的脚步声，至今回响在我的记忆之中。

那是在一九五八年，一个夕阳刚刚西下的傍晚。我从离我家临时住宅不远的鲫鱼桥路过，那时候我年纪还小并无他事，也就漫不经心地走。猛抬头，发现一列列步伐整齐的军人正从我的一侧经过。

“哒、哒、哒、哒”，脚步声不重也不轻，却是源源不断，足足走了好一阵。

暮色苍茫之中，军人们的脸都看不清，那齐刷刷的黄绿色的军装，那青一色年轻的脸庞，个个精神饱满，背着背包，斜挎着有红五星的挎包，挎包上系着白毛巾和瓷杯，另一个肩上斜挎着军用水壶。他们“哒哒”地走着，向着陆水河的方向走去、走去，像一股春天的洪流。

两天后，从大人们那里我才知道，这是开来准备修陆水水库和建桂家畈水电站的士兵。

在离鲫鱼桥不远的桂家畈，将建一座很大很大的水库，而且还要建一座水电站，说这是为将来建长江三峡水库和水电站做准备的试验坝。建成后，蒲圻城里乃至整个县里的用电就不成问题了。

那时候，一些新鲜事层出不穷，像总路线呀，人民公社呀，大跃进呀，大办钢铁呀，大办食堂呀，多少年超英，多少年赶美呀等等，真是一个热火朝天的岁月。

从那时我经常能看到解放牌卡车缓缓地开进城来，那隆隆的马达声和辛辣的汽油味道给这古城增添了新鲜的趣味。小一点的孩子总爱跟着绿色的卡车后边跑……

从那脚步声之后，蒲圻的面貌在那些年真可谓是日新月异。

陆水河南岸的桂家畈，曾是白天一片田野，夜间一片寂黑。而后来成了机声轰鸣，车声不断，人声如潮，歌声入天的一片新天。那曾经进城必经的名叫“大市桥”的小石桥，那座桥头曾有一个传说，关云长过桥时，他的赤兔马在桥上留下了马蹄印，后来随着公路的铺设，桥也便消失了，马蹄印也没有了。路越来越宽，人越来越多，各级领导来视察水库建设是常有的事，连国家副主席董必武也亲临视察过。

从那脚步声之后，建在荆泉山里的2348军工厂也在推土机的轰鸣声中开工建设了，那可是几万人的大工厂呵。

从那脚步声之后，蒲圻古城开始外扩了一条新马路直通赵李桥，而各类县镇的公共设施也纷纷建成。

从那脚步声之后，蒲圻的老火车站显得越来越狭小了，新车站也随之建成……

时代无论怎样变化，只有那整齐、坚实的脚步声一直在我记忆里，那样整齐，那样坚实。

那脚步声，我至今还能感觉得到，它那有力的声响，是意志的声响，是时代变革和发展的声响，就像长江黄河滚滚向前的波涛声。

南门城门洞里的青石板

说起南门城门洞，那可是大热天消暑乘凉的好地方。

那居住在附近的人有事没事都会去坐坐，路过南门事情不急的人也会停下来坐坐，老人、孩子们更喜欢到那里去坐坐。

南门称迎薰门，薰之意为夏日的南风，又意为蕙草之香，也即佩兰之香。这迎薰有着难得的既切名又谐意的美意，南风、佩兰，真不愧为古文人之心。

这南门的城门洞里的青石阶又宽又长，从下往上一级级地高了上去。坐在上面冰冰凉凉的，平平的，润润的。中间有一个斜面的用青石板铺成的连通内外城的路，是特意设计为推车的人进出城用的。

坐在这城门门洞的石阶上，都是不约而同地面朝城外。平时虽说并未闻到有蕙草、佩兰之幽香，朝门外看那明丽的景致却能胜过诸城门。

现今去看，最醒目的就是桥，公路桥、铁路桥，陆水河穿桥而过，各类车辆在桥上穿梭般地来来往往……这可以说都是人文之景，更何况有那自然之景。

回溯到当初，透着山野之香的崭新城垣落成，坐在这石阶上近瞻远眺，是何等人间胜景?

清清的陆水从上游迎着迎薰门悠然而下，带来如幕齐天的金紫山似帘的流云。蓝天白云下的山色令人醉心的翠，丰财山上塔影入云。

河到迎薰门下开始拐弯绕城而去，两岸沙洲晶莹如带，堤岸林木相拥。对岸则是东洲故土，青瓦院落，零星屋宇融入树林竹野之中，而不时有渔舟徐下，沙鸥飞翔……

难怪蒲圻自古多文人墨客，如此境地俯仰皆诗，岂不妙哉。

南门城门洞

蒲圻石城

吊浆糯米粉

说起吊浆糯米粉，家乡人倍感亲切，因为那是过大年的特属。

大凡腊月二十四是小年。小年刚过，许多家庭都开始大力张罗春节的物品了，特别是准备过年吃的东西。家乡的习俗是，过年期间，从除夕团年饭开始，一直到正月初四下午送年过了，才能动刀动剪、往外倾倒垃圾什么的，大一点的做吃做喝的活动都不会去做。

母亲叫上了两个大一点的小孩，一手提着桶，一手夹着垫好细白布的脸盆，一同走到离自已家好远的街那头的一个熟人家，那家有磨。比他们家隔壁的磨大些，隔壁家的磨可以直接用手握住磨盘边的木柄推磨，而熟人家的是用一个吊在房梁上、有横把手的长木竿套在磨盘的木柄上的木杠杆。推磨的人只要用双手一进一退地匀着用力推拉就可以了，熟练了，比直接用手推省力，因为这样可以用腹力、腿力帮着。

母亲坐在那磨盘边上，手里握着一个小铁瓢均匀地往磨子上下料的小孔里加料，往往是磨子转两到三圈加一次。那小桶里是早两天就用水浸泡好了的糯米。

磨盘转动“吱吱”地响着。磨盘从夹层中间流下湿漉漉的糯米浆，流到下边磨的臼槽里，顺着臼槽，缓缓地流到蒙了细白布的脸盆里。

磨“吱吱”地响，“吱吱”地响。……

磨团团地转，团团地转……

年年地过，年年地过……

隔壁的音乐

算时间，应该是在一九六八年。他们家隔壁是一个缝纫店，算是城里最大的一个缝纫店。

缝纫店有十来个人，老师傅不说，年轻男女小师傅、学徒什么的有好几个。平日看他们在店里进进出出，很是活跃。给平日里只有“哒、哒、哒”缝纫机声响的店里，带来了不少的活力和生气。

可以说，他们中有些虽说是读书读得都不多，十七八岁是该念书的年龄，却到店里来做学徒，在家乡这样一个以诗书传家，入仕为贵的城池里，似乎有点不合。

然而，就是他们，在那时似乎从另一个角度，引领了小镇的新潮流。

一是他们的衣着。你想，都是做裁缝的，大花大朵、色泽鲜艳的衣料，天天从他们手上过，审美上比起同龄的人来说，肯定强很多。从款式上讲，男的比一般男孩多几个新颖的折褶，女的比一般女孩短一点，花色鲜艳一点，也是很自然、很正常的。在当时他们这样的年龄，别的孩子在校有老师说，在单位有领导说，在各自家庭有家长说，唯独他们，半独立于家庭和社会，可以说是“三不管”，而且又是合情合理。外人看来，却也新鲜，更有人把他们有点时髦的衣着看作了小镇的一道风景。

再就是他们的活动，除了“工作”之外，其余时间便是他们自己的了。

一同去逛城里城外的“风景”，一同去打羽毛球，一同去看电影等等，反正他们乐意，他们有钱。

最令人记得深的，就是他们在晚上。他们当中有人住在他家隔壁的二楼，大约是为了在店里值班，防火防盗什么的。

常常入夜之后，他家隔壁会响起他们上楼时踏响楼梯的声音，“哒、哒、哒”，节奏响亮，而且快。常常是几个人一同上楼，响成一片。

接着是男女青年的谈话声，同时夹杂着摆弄留声机的声音。

“春季里来绿满窗，大姑娘窗下绣鸳鸯……”

开始是周旋一类歌星的歌，慢慢这歌声少了，放的是小提琴音乐《梁祝》一类。

正好他也爱听，说真话，他还常常盼着隔壁的他们放音乐，也正是这音乐声，使他特别注意到了这群年轻人……

渡口

如今有了桥，已故陆水河的东门渡口和北门渡口早已完成了使命。然而，就像对故人的思念一样愈久弥深，它们曾经是故乡人一种日常生活的需要。

河边的那木渡船，水“唧唧”地拍打着船头的声响，那是颇有节奏感的声响，那声响，从我记事的时候起，至今仍在我深深的记忆中。

那声响，和着女人们一早在河边洗衣裳时棒锤“梆梆”的敲打声，和着那河边农夫挑担“吱吱呀呀”的声响，是一种自然而然产生出的隽永优雅的音乐声。

陆水河畔，起得最早的人和睡得最晚的人，应该都是他们。早要早到什么时候？正常的日子，是在老宝塔山的山坳处那青白鱼肚色刚刚呈现出来的时候，是在四围村舍的雄鸡晓唱的时候。睡得晚又晚到什么时候？只知道往往城里的汉剧团上了新戏，爱看戏的乡邻们“挖了台脚”后，一边走一边说戏，说戏中的戏文，说戏中的人，当然也少不了评价演戏的角色，特别是来了新演员……已经是大半夜了才来到河边，那艄公手扶着他那根撑在水里的撑篙，站在那里静静地等候。

虽没有一定规律，但一般都是清晨最忙。河那边以种菜为主的农人，都起得早，要把新鲜蔬菜挑到城里的菜市场去卖，卖完菜，然后买了油条、发糕、白糖酥、糍粑什么的，带回去一家人做早点……当然也有到城里来担人粪尿回去浇地种菜的。

渡口等着很多人，船上每次最多能坐十几个人，艄公就得一船一船地把乘客撑到对岸。从早到晚，艄公任劳任怨，有求必应。他不大说话也少笑，但也很难见他发怨气……

在故乡的人中，我怎么也忘不掉他们日复一日，年复一年，总是手握着长长的撑竿，在那里等待着、忙碌着……

父亲的夜渔

那是在一个周末的黄昏，那抹金色的晚霞在北门城城垛上刚刚收尽，父亲开始了他的夜渔。

从人民广场的那条路下河，这夏日的河水，显得格外清亮，晒了一天的沙滩这时已经不那么烫脚了。

四周都静了下来，河里是听不到躁人的蛙声的，只有河两岸的灌木丛在水中映下的清静，只有父亲在水里一步一步轻轻走动时“汩汩”地有节奏的声响，那么清脆，那么悦耳。还有那脚步，走过时泛起的一串串圆形的水波，在深黛色的夜空和明丽的星光下闪闪地泛着亮光。

父亲在离河岸好几米的水中，倾斜着插好了鱼竿，那鱼竿很短，每根都只有一米多长，鱼线长长的，用的是比较粗的广线。钓钩比平时一般的大一些，在钩上穿上了一串煮熟了的麦粒，整个钩都被麦粒包裹着。顺着水把线和勾都放到了水里，错落着把几根钓竿放好后，在钓钩周围随意扔了点麦粒做“窝子”后缓缓地上了岸。

在河里走的时候，脚尖要绷直一点，慢慢提脚，放脚也要这样，这样水声就会轻一点，免得惊走了鱼，父亲对走在身后的儿子说。

父亲坐在岸边的沙滩上点着了一根香烟开始抽，一口、一口，从容自若，他那烟好像是他平日常抽的那种圆球牌。

夜静静的，不时有岸边“扑扑”飞过的鸟打破寂静，河水流过这沙滩的河床。沙滩十分柔软，躺在上面舒适宜人，那沙都是很好的石英沙，也不知是经过了多少年才成了这样，那石英中间有许许多多细小的闪亮的云母片。

约莫过了好一会后，父亲忽然起了身，快步朝河水插了鱼竿的方向走去，他小心地拔起其中的一根鱼竿，提着脚尖朝岸上缓缓走来。

开始那水里并没有任何动静，只见父亲在一步一步地走，不一会，只听到下游的方向有了声响，那是鱼扑腾的声响，一声，又是一声，一条大鱼顺着鱼竿的方向被带到了岸的沙滩上，在沙滩上跳跃着，儿子赶紧走了过去。

好大一条鱼，足足有两三斤，一尺多长，肥肥的，鱼的嘴不停地一张一合。取出鱼钩后，父亲叫儿子把鱼放进木桶里，里边有半桶水，鱼进了水，跳动了几下便安静了，父亲告诉儿子这鱼土名叫“赤额佬”。

父亲放好钓，又重新回到老地方坐了下来，点着了一根香烟……

“怎么样知道鱼上钩了呢？”儿子问父亲。

“你没听到刚才放钓钩的地方，鱼‘嘭’地跳了一下么？鱼咬上钩，肯定想走，走不了自然会跳。”父亲轻声答道。

就这样，一晚上守了大半夜，钓到了好几条。这鱼好钓又不好钓，好钓是简单省事，不好钓是这鱼很精，而且河水清。不像学校放暑假时，儿子和邻居会钓鱼的小伙伴们，用一根也是不怎么长、不怎么柔软的小竹竿，用一个小钓钩，钩上饭桌上逮到的“饭蚊子”，随便丢到水里，连浮标都不用。“饭蚊子”顺着水飘，那“餐子鱼”见着就咬，钓竿顺势一拖就是一条鱼。有时一上午可以钓好几十条，好几斤。一串串地用绳子吊在腰后边……

雄鸡初鸣，天似乎更黑了。父亲起身收了钓竿，绕好了钓线，提起了桶，朝回家的路动身了，儿子这时也已经睡意朦胧，深一脚、浅一脚地跟在后头……

外乡人

赤壁人从来不排斥外乡人，外乡人在赤壁人眼里绝对是平等的，没有什么不同，唯有不同的，只是口音上的差异。

世世代代在赤壁定居下来的外乡人很多很多，可以说是来自五湖四海。在这里，他们随遇而安，从来没听说过哪个外乡人，因为在赤壁受排斥而迁走的。外乡人来得最多的一次，便是一九五四年，那年大洪水，洪湖沔阳的大批难民逃难到了蒲圻城关，那时我年龄还不大，但还记得那年曾发生过的一些事情。大水一直淹到东门城里头，淹过了那大石牌坊，整个人民广场，县政府的内外都是水汪汪的一片。

南门城最高淹不着，站在城门口可以看到，那水浩浩荡荡，平日进城的路已不见了踪影，只有路边的房屋都浸泡在水里头。那铁桥差不多平着了水，河对岸的东洲早已泡在水里好深，房屋大多都只能见到屋顶了，一些短一点的、不大结实的房屋都在急流中垮塌了。

城里的外乡人似乎多了许多。难民们有的是借宿在城里亲友家，那些在蒲圻没有亲友的洪湖人，有的被政府安排在一些公共设施如礼堂等地方，一时间没有住处的，暂时就露宿在街头，还好当时是夏季，蒲圻地方大，也还有秩序。

对灾民，蒲圻人是很大度的，能帮就帮，只知道后来这些难民，许许多多都安家在蒲圻城了。

大洪水期间，洪湖人自己组织起来，有文艺细胞的几个人结成一个队，在蒲圻街上演出。他们最拿手的就是打渔鼓，那渔鼓是一个六七十公分长的竹筒，一头蒙着鱼皮，也有牛皮，反正只要敲着能响，好听就行。渔鼓用带子吊在脖子上，一边敲一边唱，唱词是现编的，主要是倾诉家乡的灾情，希望得到蒲圻市民的同情和帮助。

听的人很多，大家的眼神里都透着一衣带水的同胞之情。小孩们跟他们，

陆水水库副坝一景

从南门到正街，从正街到西门，他们是觉得渔鼓好听、有味道，跟着看热闹。

后来新学期开学，同班的同学中，多了好几个外来的新同学……

解放初，蒲圻城里常有像苗族、土家族等少数民族的人在那里摆地摊卖中药材。他们中女性都头戴着高高的、颜色鲜艳的头巾、头饰，穿着有鲜艳颜色和图案纹饰的衣裳，连大热天也都是这样，他们的地摊一长排摆在街道的青石台阶走道上。他们不大说话，只是默默地看着来往路过观望的人们。商品大多都是大山里采集来的中药材，还有些兽骨、兽角什么的，各种各样，有的叫不上名，也不认识。有的大人知道，也偶尔有人和他们交谈，但语言不通，连估带猜，比比划划，指指点点，弄半天才隐约知道那些药材的作用。最引人注目的是名贵一点的虎脊、虎爪、鹿角、鹿茸之类的。城里的大人们告诉小孩，他（她）们是湘西、贵州大山里的少数民族的人，他们来得不容易，不能欺负他们。也的确，从没见人和他们发生过争执，小孩们觉得新鲜，除了好奇还是好奇。

修水库，建电站，外来的外乡人就更多了，他们休息天到城里来购物，虽说各地口音不同，但从来没有互相争执，而是彼此尊重。许多外地人对赤壁的山山水水，对赤壁的人产生了好印象而落户赤壁，在赤壁建立了家庭，同赤壁人一同建设这片美丽富饶的土地。

市图书馆阅览室之一

文化是一种力量

图书馆对于这古老的小城镇，可以说是一件特新鲜的事。五十年代初，解放不久，蒲圻城有了第一个“图书馆”。

这“图书馆”在南门头，粮店的旁边，斜对门是城关小学的大门。“图书馆”的阅览室好像是从前天主教堂的一间做礼拜用的房子，有几十个平方。特别是那教堂式的比较大的拱形尖顶的玻璃窗，那窗棂的玻璃布满了五颜六色的花纹，每到夏天的大晴天，太阳光照进来，显得格外明亮、美观。

阅览室中间放着一张长桌，桌子两旁是长凳子。墙当头是一个大书架，书架上摆了些书、画报之类，书籍大多都是半文半图的故事书，诸如《头上一颗星星的勇士》之类。

不过，去看书的人不算多，大约是因为不知道，或者是忙。

也许，这是我知道的最早的蒲圻城的“图书馆”。

尔后，五十年代末，县里在城关中心的铺门角上建了文化馆，文化馆二楼的一侧是阅览室。

阅览室比原来那个临时的大多了，中间供阅览的桌子也大多了、长多了。图书的品种也多得多了，特别是诸如《人民画报》《解放军画报》之类的大书摆在一旁的书架上格外醒目。从根本上不一样的，就是有了图书库，可以办证借书了。不过，我那时还小，是学生，还不能借书带回家去读。

我家就住在离文化馆不远的街上，去图书馆看书很方便。我去得更勤了，有时放学放得早都会去。寒暑假期间那更是，甚至晚上都去。不过晚上不开馆，但阅览室下面的活动室里常能看到，街坊那些放假了的大学生们相邀在那里举办舞会。乐器往往就是那么一个手风琴，看着他们男男女女一个个笑容满面的，跳的是交谊舞，唱的是那些时髦的俄罗斯民歌和少数民族的歌曲，诸如《莫斯科郊外的晚上》《跑马溜溜的山上》之类，好不自在，好不惬意，却也成了我们城里特别的一道风景。也就是在那间活动室里，偶尔还举办县里的美术展览，“画家们”水平高的要数蒲圻一中、蒲圻师范等学校的美术老师们。每次办展览，我都会去看好几遍。

图书馆什么时候搞大了，我不知道。因为我初中以后就离开了故乡，去图书馆看书的时间少多了。去到新图书馆是在十几年前，我去看望我的一个老同学，他家正好住在原市人武部旁的新图书馆的边上。自然也就进去看了搬迁后的图书馆，比原来的又要大多了，也正规多了，图书馆就是专门的图书馆了。

而今，位于新市区的赤壁市图书馆规模，简直和原来的不可同日而语了。不光是高与大，更是有点气宇轩昂的感觉。图书馆的图书品种、图书数量也多得多了，阅览方式也有所不同了，而且里面有许多书都是本市或本市籍的作者著述的了。

文化是一种结晶，它把古往今来的故土的有识之士、千百万民众的智慧凝聚成了一颗光耀无比的结晶。

文化是一种力量，是一种有智慧的力量，是一种能改变人类社会的生产力。无论经济运营的方式如何改变，只有文化是难以改变的。秦始皇不能改变，元、清入关也不能改变，八国联军的入侵、日本帝国主义的侵略都不可能动摇我们中华历史悠久的、傲立世界民族之林的文化。

赤壁市图书馆报刊阅览室

赤壁市图书馆

邮花

离他家不远，往南门头走，街道的右手边是镇上的邮电局。里边有一部手摇的电话机，一个方形的绿色邮筒，一个木制的长柜台和柜台里两张长桌，桌上摆放着一叠邮票，因为邮票上都印着有颜色的画，标明着价格，所以他们叫它邮花。他记得那时最多的是八分钱和四分钱的邮花。八分的是寄往外地的信的，国内的信，无论多远，都只需贴上八分邮花即可，本县的只要四分。

邮电局的人不多，穿的都是橄榄绿颜色的制服，负责送信的有一辆橄榄绿色的自行车和一个绿色的帆布包。

那是在六十年代初，一天，他二哥拿回一本集邮册给他看。册子不大，大约比32开大一点。打开来，那每一页上一张张排列整齐的邮花便映入眼帘，每页上下两排，每排多少不一，一般在四到五张。透明的玻璃纸将它们嵌在里面，五颜六色的，最明显的是每张邮花角上的价格数目，美术字的。邮花种类很杂，有花卉的，有风光的，有体育的，有图案的……五花八门，令他耳目一新。这是他第一次见到这东西，虽说集邮册不大，也不厚，而且大都是从画报上剪贴下来的，能集中这么多邮花，使他感到邮花原来有这么丰富，这么多花样，这么美。

后来，他二哥把他精心采集了多年的集邮册送给了他。可经过文化大革命，经过生涯的变迁，这本集邮册中的邮花渐渐少了，最终遗失了。可它常常在他脑海中一页页地展现，永远保存在他的脑海中。

市图书馆书库之一

除夕

一年一回的春节，首先想到的就是除夕。这一天，从中午开始，家家户户都关上了门，街道上差不多是空荡荡的，各家各户的门口都张贴着大红大红的楹联和花花绿绿的门神，看起来暖暖的。这时，家家户户都开始过年了，鞭炮声此起彼伏，噼噼啪啪的从这家响到那家，接连不断。鞭炮声和楹联是年最明显，也是最典型的象征。传说的故事里，年是一种怪兽，而它害怕的就是这大红色的楹联、门神和鞭炮声。鞭炮飞溅的火花给年带来了火热的气氛，使人受到鼓舞，受到感染，更使人感受到生存的快乐和力量。

记得小时候，下午是关门吃年饭的时候，一家人，老老少少、大大小小，团团围坐在那张陈旧了的八仙桌前，一个长凳一方，坐两到三个人，如果人实在坐不下，便把八仙桌和另外一张搭起来的方桌连在一起，高一点，低一点也无所谓。把菜、酒等往桌上一摆，便也分不出高低了，只见一片热腾腾、香喷喷的年饭大餐，美极了。

我们家的年饭都是由我父亲亲自来做。他老人家菜做得很好，特别是每年必做的鱼糕、肉丸、蛋卷、各种卤菜，加上腌好后，又熏烤了一个多月的熏肉、熏鱼，更是异常的香美。熏鱼蒸好了后，总是由我母亲洗好了手，将厚厚的鱼肉一点点掰开放好，从来不用刀切，说这样是原汁原味，好吃。父亲做的肉丸有两种，一种是油炸的，黄酥酥的，一种是在锅里用油煎好的，叫做煎丸，煎丸更好吃，更香。往往桌上还有几种丸子，像豆腐丸、藕丸。一种是用点心、肉末和鸡蛋等配料，加上蒸好的糯米团，撒上白糖，做成的雪花丸。不过这道菜必须是开席后才上，为的是趁热吃才香才美。吃饭的时间要比平时长得多，大人相互敬酒，小孩能喝的也允许尝一点酒。不过都得慢慢吃，吃得快的也要等着，年饭必须大家都吃完后才能开门，说是为了吉利。就像年饭前，先要在门口放上一挂鞭后，闩好门，年饭才能正式开始一样。小镇上家家如此。

赤壁峨石宝塔

夜宿荆泉

说到荆泉山，他总觉得欠着一份情。一直在心里，却又无法去偿还，怪难受的。

一晃已经是五十多年前的事了。那天下午，在外地念书的老三，坐车回了家，母亲告诉老三，父亲带着弟弟老五，还有姐姐夫妇，都在荆泉山里打柴去了。

六十年代初，自然灾害之后，整个国家都困难，这地处鄂南的蒲圻也不例外。到了礼拜天，许多家庭都自发上山去打柴，以缓解烧柴的困难。当时，老三放假在家的时候，和同学一起上山打柴是常事，次数不太多，也断断续续的不少。铁山马家、汪家堡等地，是他们常去的地方。生产队有专门看山的，林木不许随便砍，他们主要打那些枯萎了的树枝、林间荆棘什么的，看山的见了他们有时说几声，不准他们砍能成材的小树，有时也就睁一只眼、闭一只眼，吆喝几声也便罢了。如果发现砍了他们的好树，便连担柴的那两头尖的冲担、砍柴的刀一同收了去。

父亲和姐弟们都进山打柴，一直到天快摸黑了还没有回，三儿的母亲急了，要他去接他们。

老三去过荆泉山，念小学的时候，高年级学生在老师带领下，到荆泉山里去扛竹子到学校，每人扛一根。荆泉山很远，离城里有二十多里路，好在路还比较宽，可以通汽车。父亲和姐姐夫妇都是拉着借来的板车进的山。打一回柴不易，这样可以多装一点，也省力气。

荆泉山老三去过，山很多，重重叠叠，连绵不断，山脚下的路旁是哗哗的从山里头流出的泉水。进山先到荆泉镇，那镇沿山而上，泉水从镇子里流过，房屋许多都是木板墙，青瓦下边有木柱撑起来，水从屋底下流。镇子不大，却错落有致，在文化人看来是颇有情调的。

再往里，路便一个劲地向山上、山里延伸。走过多少里后，有一个屋畔，叫桃花坪。老三记得那村里外边搭了几个蓝色的帐篷，据说是地质队住的，在这一带勘测什么。

还没有进山，离荆泉镇不远了，天已经黑了下来。泉水的潺潺声和着山边岩上芭茅草的呼呼声，那玉镰似的弯月也升上了山坳的树顶，山已经是黑黝黝的一片。

老三走着走着，脚步不由自主地缓了下来，心里害怕了起来，这时的他也只有十六七岁，毕竟从没有这个时候一个人人生地不熟地走过这样的路。更何况，到这里都还见不到他们的影子，一个人贸然进山，危险。

走着走着，他下决心回头下山了，他想，没接着他们也没办法，不过他相信，他们会回来的。

第二天一早，父亲和弟弟回了家，问他们昨晚怎么回事，弟弟告诉老三，姐姐和姐夫昨晚就回来了，大约是快到晚上十一点多。他和父亲在山里的桃花坪附近的人家家里过了一夜。他们拖着车，又上坡又下坡的，路又不好走，走到那里，天也晚了，力气也没了，见那人家的禾场上有几个草垛，他们决定就在那里休息，等天亮时再下山。

他们靠着草垛缓过气来后，父亲口渴了，向人家讨水喝。人家见父亲他们是城里来打柴的，给他们用大芦碗每人打了一碗开水来，知道他们必定是饿了，还用碗端上几个大红苕，父亲当然是感谢不尽。

后来他们在谈话中，谈到了老三，一个年轻人听到了，从里屋走了出来。问明情况后，告诉他父亲，他是老三初中的同班同学。随后十分热情地请他们到他房间的床上去睡觉，他自已搬了一个竹床到隔壁的堂屋去了……

这同学到底是谁，老三不清楚，只知道当时有几个同学是荆泉山里的。这感谢的心，老三一直牢记在心，只是随着时间的推移，时代的变迁，似乎成了一个永远的很想解开又无法解开的谜。

赤壁一中主楼

一中校园一角

一中逸夫楼

一中女生公寓

一中体育场

我的写大字的老师

人不怕年老，就怕忘掉了年少。这句话俗，但我是这样想的，一直都这样想。

年少是自己的希望所在，是自己启蒙的童年，是自己的少年，是自己风华正茂的青年。

多少关怀备至亲情的环绕，多少苦涩艰辛意志的酿造，多少无拘无束的梦，多少自由自在的奔跑……

然而，年少时最珍贵，影响自己一生的是什么？为什么自己的心寄存在那常常改变的桌前，那是课桌，教室的课桌。就像我这一生注定离不开的工作台。

“当时只道是寻常”。

就是在这桌前，我身心在那里一同成长。

“问渠那得清如许，为有源头活水来。”朱熹老夫子的这句话在告诉我，我怀念少年的更深的缘由——老师们。

就像永远忘不掉的亲朋好友一般，我永远清楚地记得一个个小时候教过我的老师们。他们都在故乡。

我想，许多人对故土的怀念，有很大的成份也就在于忘不掉少时的师长。

我如今成为一个钟爱书道的书家，而最早启迪我的却是我的一位并不大懂书法的女老师，她姓李，是我当时念小学三年级时的班主任，是我们小学那位高个子校长的爱人。

那时，一九五八年学校开设有写字课，写字课一般都是语文老师带，李老师就是语文老师。大约是写字还认真，加上很小就在父亲的要求和督促下临过欧阳询的九成宫，柳公权的玄秘塔，每到星期日都要写，不写就不让出去玩。那年暑假的一天上午，我母亲忽然对我说，她早晨在陆水河洗衣服时，碰到了也到河边洗衣服的李老师，当李老师知道我母亲是我的家长时，表扬我平时写字课大字写得不错，希望我暑假每天用有九宫格的大字本写两张大字交给住在学校的她。我虽然不大乐意，但也没办法，只好照办。

字写得好一点的有褒奖，一个用红墨水勾的大红圈，以示鼓励。每天两张字总还有那么几个红圈，一个假期都是这样。在不乐意，甚至有时还有点反感的情绪下，我一直坚持着。而正是因为这样，那印象一直保留至今。

我一直记着李老师那有点胖的脸庞和体态，那微微和煦的笑容，以及那短发……

心领神会的变迁

如今的人民医院大得多了，车辆在医院的大院内可以顺畅地来往，不能说这不是一个大的进步，一个时代的进步，是政府为人民做的一件大事。

家乡在这方面的进步他是心领神会的，这大约也是因为他父亲就曾是医院的一名行政工作人员的缘故。

解放初期，他父亲就应街坊童副县长兼县卫生院院长之请，进了县卫生院工作，他父亲最开始的工作很简单，一个小板凳，一个小桶，坐在东门门洞里靠陆水河的那一头做“饮水消毒”。城里当时除了少数家庭有水井之外，大多数居民都是每天到陆水河里挑水吃用。经过城门口停下来，他父亲给水桶里放一小勺消毒用的药水，那小勺子是用竹子做的，长长的手握的把。这样做一直到有了水厂，有了自来水才结束。记得当时，遇到了陆水河涨洪水，这水担回去还要打明矾，使得水澄清下来。

后来他父亲的工作就是到车埠区住在车埠卫生院搞“血防”，也就是血吸虫病防治。赤壁全境从大气候来看，是江汉的沼泽之地，沼泽之地多水多草，多寄生虫，血吸虫病是危害最大、患病人数最多的一种疾病，政府高度重视。当时还有专门的机构血——吸虫病防治站。

到了六十年代中期，县医院规模大了许多，医护人员多了数倍，曾经的门诊部也都成为了职工宿舍，他父亲也成为了管理职工和病人食堂以及一些医院杂事的负责人。

他父亲是个很细心的人，对食堂工作很负责任，工作多少年，从来没有出过大问题。事必躬亲，每天早晨天麻麻亮，他父亲就亲自拖着板车到菜场去买菜，这样做一是可以买到好菜、新鲜菜，二是可以省钱。他父亲的烹饪是很不错的，从厨师的选人到每天伙食品种的安排，他父亲都是很用心、很注意的，让职工和病人都满意。职工食堂每年省下来的钱粮，到年终给职工额外加餐，从来没有职工和病人因为伙食问题责备他父亲……

六十年代初，医院还只有 X 光室，到了后来，医院就有放射科了。随着时代的进步，许多闻所未闻的设备都进了医院，对医疗起到了很好的作用。

医院搬到现在的新址，应该是前几年的事。随着县改市，新的行政机构北移，市医院也迁到了新区。

医疗对人来说，是除衣食住行之外的头等大事。改善医疗包括从医人员的数量、医疗水准以及门诊、住院、医药和各类设备等各方面，可以说这是提高医疗水准的根本。在党和政府的关怀下，赤壁市医疗条件的改善，对救死扶伤和保障市里老百姓身体健康的确起到了很好的作用。

市图书馆电阅室

故土风物

衙门口土地庙

考察西梁湖竞江口古县址城基（上下）

西梁湖寻城记

一大早就从市里出发，到官塘接上了向导老姚。

老姚是位有经验的摄影师，广东人，对赤壁情有独钟，在赤壁几十年。他腿脚不方便，却背着摄影包走遍了赤壁的山山水水，角角落落。退休了他也不回广东，他说他爱赤壁，在赤壁搞摄影拍了几十年还拍不完，值得拍的东西太多了。

天气预报说今天又有雨，还好，这时下得还不大。

我们按事先约好了的到西梁湖去，也是老姚的好意，想让我多看到一点赤壁的古迹，车出官塘不远，就按老姚的指引左拐了。

过了一座小石桥，老姚示意要我停下车。

“这桥叫东丰桥，清代的。”说完，他指了指桥头一侧的一块不大的石碑。只见那石碑上整齐地镌刻着对石桥的解说:“位于赤壁市官塘镇石泉村七组谢家弯乌龟墩山东北30米。桥体为石块砌筑而成，南北向横跨小溪，单孔券拱结构。券拱采用石块纵联砌置，桥体两端呈倒‘八’字形，桥面通长12米，宽4米，高3米。桥面两侧各有一层用石块砌成的护栏，现为官塘至泉口村村通公路桥梁。该桥保存较好，为研究鄂南地区清代民间桥梁建筑工艺提供了实物资料。2008年3月27日公布为湖北省第五批重点文物保护单位。”

一座石桥仅凭石块砌成，拱跨12米，数百年不毁，至今完好，甚至能承载大卡车通过。想起我国许许多多这类建筑物遍布神州大地，怎不令人对我们祖先伟大的智慧和力量感慨不已。

踏着泥泞，拍摄完东丰桥我们便朝新的目标出发了。

也许是如今村村通新修的路，老姚弄不清楚，路上两次出现了错误，加上第一次在这样的路上开车的我也出了问题。因为用碎石渣才铺出的路，靠路边的路基还是松软的，又下了雨，右边车轮随着垮塌的路基陷到了路边不能动弹。看来只有靠别的车来牵引才能回到路面上了。

老姚给泉口镇的朋友打了电话，请求帮助，那边朋友也答应了，我们只好等待。

这时，迎面开来一辆小车，小车在我们身边戛然停下。车上坐着一家人，年轻夫妇带着一对儿女。那开车的男的下了车，走到我们车前看了看，抬头问我们有没有绳子？我们说没有。他站了片刻后便离开了。

不一会，迎面又开来一辆车，在我们身边停住了。经介绍，原来他们就是泉口的朋友请来帮助我们的。这时从我们后边也来了一辆大卡车，也在我们身边停住了。司机下了车，原来就是刚才开小车的那个年轻人，他也是特意来帮助我们的。后来知道这年轻小伙子就是附近村子里的，姓陈，当地人都叫他“阿丙”，在外地做事，今天回家看望家里老人，正好碰上我们这事。车自然很快就弄好了，等我们回头，那“阿丙”连人带车早已不见了踪影。

到泉口镇已经快到中午了。

和老姚熟识的一位当地的企业家接待了我们，刚才派车帮我们的就是他。他姓童，主要是经营西梁湖盛产的小龙虾，供应上海、南京等地，每天输出量达数千斤。童经理正在忙着送货，递给我们每人一瓶矿泉水，手湿漉漉地给西梁湖御屏山村村长打了电话，就接着忙他的去了。我们也立刻动身往西梁湖方向去了。

村长在西梁湖路边等候我们，打完招呼便上了我们的车，带领我们朝我们想去的地方驶去。

这时天变得黑了下来，看样子要下雨了。想把车开快一点又不行，不久前车被拖上路的时候，底盘下的隔层进了碎石子，稍微快一点，车下面都会发出折竹一般“咔咔”的响声，真叫人心烦。好在路不远，很快就到达了衙门口。

西梁湖湖岸一角（上下）

西溪湖废弃

西溪湖荷塘一角

衙门口的明显标志就是那座比一般土地庙大一点的石龛，这是个虽然小，意义却大的标志性建筑。

石龛是用大条石做成的，高两米多，宽与纵都是一米多。除了供奉着的神像、香烛和花束外，最引人注目的便是那幅镌刻在石龛两边大理石上的楹联：

镇衙门而灵钟百世，

涌泥泉以感应千秋。

由联可见，这土地神工作真不少，责任也不小。他一是要镇守衙门，要保证这一方土地的安宁，而且要永远有求必应；二是要负责喷涌地下的清泉造福当地百姓，诚心诚意，千秋万代只要有需要一定去做。

此联是何朝何代、何人何时所撰已无从考究，但其意已暗示世人，这附近曾经是县衙门所在地。

既如此，那曾经的县址到底在那里呢？村长带我们继续前行。

过了土地庙，在一个三叉路口村长叫我们停下车，车不能再往前走了。

老姚对这一带似乎十分熟悉，下车后习惯地径直朝左行，朝那一片茫茫然无边无际的湖水的那头走去，村长叫住了他，用手示意要朝右走。

这一路许多小湖泊，正是大夏天，是荷花开得正好的时候。这花在这里可以说是得天独厚，那空气、那天上的光、那湖水、那静谧，真是妙不可言，似乎是到了人间的一方净土。那花在明丽的碧波上一尘不染，娇艳欲滴。那翠鸟高高站立在湖边小草棚的棚顶上，一动也不动。除了我们自己的脚步声，四周是万籁俱寂。

前方路边是几间小屋，两只狗早已立在路边注视着我们。过了小屋又走了一段路，前方路边的一片茂密的树林前，又是几间小屋。

过了小屋，走在前边的村长和老姚，便一头钻进小屋后那长满草木和荆棘的土石岗，在那里仔细地寻找着什么。

“我老人告诉我，这就是最早蒲圻县县城城墙的墙基。一般人不到这里来，来了也不知道。”村长喃喃地说，颇有那么几分自信。村长姓吴，在这里土生土长。

小岗上，扒开荆棘林和杂草，露出一片赭褐色的石层。那壁立着的，并不算高的石层斑斑驳驳、断断续续朝前延伸。

吴村长又带我们走到那屋后，指着屋后树林中高耸的土石岗说了许多，意思当然还是说那关于墙基的事。也的确，这土石岗和那头的墙基基石明显是连成一气的。

久久看着这小石岗，看着石岗草丛中那一千多年前残存的城墙墙基，我想，不管专家如何认定，在我看来，在历史的史实中，在方位的判断上，这一带有蒲圻最早古城是不会错的。

蒲圻县治先后经历了大小八次迁徙。史书明确记载：“三国吴黄武二年（223年）始建蒲圻县时，县治在竞江口，即今西梁湖畔衙门口遗址。”后于280年迁白面洲（蒲圻洲），数十年后，于317年重新迁回竞江口，一直到隋开皇十二年（592年），竞江口洪水泛滥，县治迁至鲍口。后迁陆溪川，十二年后于唐贞观七年（633年）重新迁回鲍口至今。

在土坡和树林的那一面，那是宽阔的西梁湖，西梁湖的边缘是一片片当地搞的水产养殖。这一面则是大小不同的湖泊，大部分也是养殖。吴村长指着这些湖泊说：

“听老人说，很早以前，湖水清澈时，有时还能看到湖底有黑色的屋顶。古代蒲圻城在这里的时候，经常淹大水，天长日久，渐渐就不行了，城搬走后，城里地势低的地方就渐渐沉到水底下了。”

吴村长的话，使我想起我小的时候，也听老人讲过类似的故事。

小时候听老人们说，过去蒲圻的黄盖湖，也就是曾经黄盖驻军过的地方之后成了一个热闹的小镇，也是因为靠近长江，老是淹水，后来也是沉陷到湖底了。后来一些打鱼的人，炎夏之夜，卧于船头，常在月朗星稀、破晓启

明的时候，听得见湖底下有犬吠鸡鸣，隐约看得见湖底的屋顶。

吴村长的话，前者如有可能，后者则是动人的传说。但是，我相信一个真理，那就是沧海桑田。岁月是最奇妙的魔术师，它把给予人的记忆，镌刻在海洋、江河、湖泊的石壁上，镌刻在山岳、峰峦脉络的间隙中，镌刻在森林参天大树的年轮里…… 可以说，这是谁，是什么力量也改变不了的。自然界是这样，人类的历史也是这样。历史这个词是伟大的、神圣的，是不屈不挠的。

天公作美，雨一直没有下下来。动身返回的时候，开始下了，不远处，我们看到了横亘如屏的翠绿色的御屏山……

自古通衢多风流

在赤壁发生了赤壁之战，这是举世皆知的事，也不知一些人想过没有，这名震古今的一场大战为什么会发生在赤壁?

说复杂，它的确有许许多多、方方面面的因素。说简单，这其中有一个很重要的因素，那就是赤壁是重要的通衢之地。

宏观地看，天时、地利、人和，是战争的重要因素，特别是在冷兵器时期。孙权、刘备运筹帷幄，以静制动，赤壁占了很大的地利。

赤壁位于水、陆两路的关节点上，处于孙权之首，刘备之背，孙要拒强敌于门外，刘要绝路而求生，正好使孙刘利弊相向而合，决心联手抗曹于赤壁，相向而行，人和由之而生。

论水道，滚滚长江跃出三峡的峡口之后，便浩浩荡荡进入江汉大平原。自古有云梦泽国，有八百里洞庭之称。孟浩然有“气蒸云梦泽，波撼岳阳城”，范仲淹有“衔远山，吞长江，浩浩汤汤，横无际涯”等千古名句。

而水到赤壁重新聚合成江。赤壁矶摩崖迎江巍然而立，数十里外分明可睹。至今仍是众多游轮、旅行团、游人万里长江观光必要登临游览之地。

刘备在江北陈兵，孙权在江南布阵，联合抗曹。在赤壁的孙权则派出大都督周瑜、东吴三朝老将黄盖等重兵把守，赤壁可以说是天设地造的战略要地，决不可马虎。

赤壁之战的大捷，生发出多少千古风流人物传颂至今。

而今看赤壁故地，风流遗址遍布，风流往事可炙。谁不知南屏山孔明拜风?谁不知周公谨智勇俊逸?谁不知黄公覆忠勇盖世?谁不知二乔慧美无双?……也难怪罗贯中对赤壁之战情有独钟，重笔书之。

从历史上看，当时长江东流到赤壁时在竞江口一分为二，分为内江和外江，外江为主流，内江为次流。内江从竞江口流入西梁湖，然后进入现咸宁市的斧头湖等湖，后由金口重新汇入外江主流。至今，赤壁南北宽55公里，东西长60里，主要有陆水河、潘河、汀泗河这三条河贯穿赤壁全境由东朝西通长江。西梁湖跨赤壁、咸宁、嘉鱼三市县，流域面积827平方公里，黄盖湖在赤壁境内面积456平方公里，水道在赤壁可以说是得天独厚。

论旱道，从宏观上看，狭义的江南地区指的是吴越，现称长三角地区。广义的江南地区则是统指长江中下游地区，包括荆楚，被统称为百越之地。古之荆楚和吴越语言相近，属同一语系，而且文化也相近。赤壁正处在两地之间水陆通衢的要津，从这通衢要津，自古流传的是剑戟和歌赋，仗剑负筒，来往于斯。

古官塘驿是何意？我想很多人都知道。一个“官”字，一个“驿”字，再明白不过了。当今，这里是我们国家重要的107国道、京广铁路、京广高铁及南北向高速公路等陆路交通的必经之地。

在古代，官塘驿作为要道上的一个点，是东西方向的。其原因一是长江天堑对南北方向交通的阻碍。二是荆楚和吴越之间楚文化的“血缘”关系，政治、军事、文化、经济等方面的密切互通关系，彼此交流是必不可少的。

官塘驿之名来之于此。明洪武十五年（1382年），知县李居仁创建。嘉靖四年（1525年），皇帝命御史黄衷、御史王秀巡视，见驿站破败不堪，乃命知县方一桂重修。修好后驿站规模不小，有楼三、门三、厅五、厢六。驿站备有脚马五十匹，马夫二十五名，兽医一名，每年开支饷银一千余两。康熙年间，脚马增至五十五匹…… 可见官塘驿在古代的重要地位。

赤壁之战时，东吴屯重兵于赤壁，也正是因为赤壁的位置之重，水陆的交通之便。

感慨之余，怎不忆东坡千古名篇：

“大江东去，浪淘尽，千古风流人物。故垒西边，人道是，三国周郎赤壁……”

清代东丰石桥

“蒲”“圻”一解

古人在为地方命名时，心境和依据是什么我们不清楚，然而肯定是有的。而“蒲圻”的命名从何而来？有人说是因为蒲圻这地方有许多蒲草，我却另有考虑。当然中国自古以来许多事的确定都以从众，也就是约定俗成为准则，我的这个考虑也只是个考虑而已。

在当年三国时期东吴黄武二年（223年）置蒲圻县，后人多说是因为蒲圻这地方多蒲草。蒲草是我们常见的生长在池沼中的一种草本植物，亦称香蒲。的确当时的蒲圻西北方是一个水乡泽国之地，多有蒲草是自然的事了，而像蒲圻这样多蒲草之地，在长江沿岸到洞庭湖沿岸，到鄱阳湖沿岸，甚至太湖沿岸多的是。为什么置县之人却对蒲圻县这地方用蒲草冠名呢？

首先一点可以确定，命名“蒲圻”是因地理特色而名。仔细考察当时的蒲圻地理状况，蒲圻伴水，可以说它是和云梦泽紧密相连的一个部分。长江在此形成了一个内外江的状况，而且内江多湖泊，可以说当时的蒲圻差不多“半壁江山”是水城和圻岸。然而特色终归是特色，蒲圻大部分土地还是多山多峦的地带，多树木、多竹、多苧麻茶叶等，也是蒲圻的特产特色之一。在蒲圻多种类的树木之中，蒲柳树正好是当时，也可以说是现今的一大树种。可以想象当时蒲圻县境之内，有多少蒲柳这种易繁殖易成林，树木高大，浓密成荫的树木呢？从水岸到山岭，从田垄到村舍无处不是。从一点上看，许多人，当然也包括我，都以为蒲柳的特色存在和蒲草的存在，也许是以“蒲圻”冠名置县的最大缘由。那么，是否可以解释为“蒲圻”—— 一个多蒲柳树、蒲草的地方。

其实，既然是探讨，我们不妨多考虑一点。从字面上释义，“蒲”已经就是那个意思了。而“圻”在典籍上解释，“圻”是边际之意，亦有领地，京畿、疆界等意。何谓领地、疆界、京畿？当然是指天子直辖之地。诸如《尚书·酒诰》谓“矧惟若畴圻父”（郑注：“谓司马主封畿之事”），

土城（后称太平城）遗址，位于赤壁市新店乡境内，鲁肃征零陵所建，当时鲁肃奉命向关羽索取长沙、零陵等四郡，后与关羽以战促和于湘江。遗址面积约一平方公里，现存有古城墙四段。遗址的城墙夯土中，曾发掘出商周陶鬲足、陶豆、陶片、板瓦等文物。

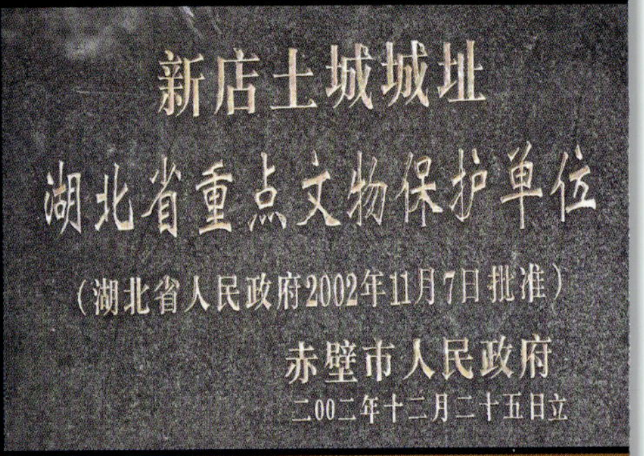

新店土城地表残存城墙墙体

赤壁文物

土城（后称太平城）遗址

新店土城远景

祝家岭墓地远景

王家岭墓地远景

花园岭墓地远景　（此两页图均由钱红平供稿）

《左传·襄公二十五年》谓“且昔天子之地——圻”·，《周书·职方》谓“万千里曰王圻”（注:“界”也）等等。

如果这样看，在当时东吴置县时对这片土地的重视就可观矣，并不仅是从地域特色来考虑，更有其当时君主惜土如珍、千里如侧的考虑。我们不妨再参考一些如下的关于“蒲”和“圻”的古人之意吧。

“细柳新蒲为谁绿”（杜甫《哀江头》）这“蒲”字明显指的就是蒲杨，也叫蒲柳树。

“圻”为岸，或地域。

“今土数圻”（《左传·公十三年》）。

“汤泉发云谭，集烟起石圻”（鲍照《苦热行》）。

即今人所称“水杨”，也称“蒲杨”，“蒲柳”，“不流束蒲”（《诗·王风·扬之水》）。

又如：蒲柳，植物名，即水杨（质地柔弱且又树叶早落，所以用来比喻衰弱的体质）。

蒲姿（蒲柳之姿），蒲杨（蒲柳）。蒲柳，落叶灌木，秋天早凋，也叫水杨，用来比喻或自谦身体衰弱。

“蒲柳常质，望秋先零”（《晋书·顾说之传》）。

界石山访古

约了两位行家，一大早就动身往与赤壁一衣带水的嘉鱼陆溪口镇去。

我们的车还是先到了古赤壁大战的遗址，然后沿长江大提往柳山镇方向行进。当地老乡告诉我们，那头新修了一座桥，但还没有通车，不过桥的附近有轮渡过河。

车行江提之上，这里人很少。江滩上多芦苇，白色沙鸥群集江滩，时时向江面飞去。渐近的堤岸边，那片绿地上卧着三五成群的水牛，水牛是褐黑色的，那白沙鸥则停留在牛背上，甚至停留在牛的头顶上，牛十分温顺地任其所为，一动也不动。

堤下远远近近，有些黑瓦白墙的房屋，在树木草丛的映衬下，同样是显得十分静谧。

眼前唯有的，这大江，这江堤，这芦苇荡，这草地，这静卧的水牛，这飞翔栖息的白沙鸥……

前方，我们经过了陆水进入长江的入江口，陆水河滔滔流淌，从发源的黄龙山到这里，终于得其所愿，汇入了这世界第二大江流。想到这一层，眼前的一切，怎能不令人感慨？我们停下了车，一同走到江边的堤岸，注目这河，这江对岸的陆溪口。

车沿江堤转到陆水河堤继续溯水而上，在离柳山镇不远处见到了那座尚未峻工的桥，桥下就是那过河的轮渡。

过了河，便是嘉鱼陆溪口镇所辖之地了。

车直接开到离轮渡不远的界石山，同行的老行家给我介绍了关于界石山和竞江口的历史状况。

界石山并不高，可以说只是陆水河边的一个地势较高的土石相杂的岸。立于这界石山，举目回顾，凝神驰思，却见这界石山在当年水乡泽国之时，它是一座凸起的小岛，像洲屿一般，峙立在浩荡的江水之中，江水从它的右侧涌入内江，浩浩荡荡地直奔西梁湖、斧头湖，到金口重新汇入长江的主流。而界石山正好是江流与陆地分界点。

如今，竞江口已经不复存在了，好在陆水河到这里还留下那么个水汊给人发思古之幽情。

界石山还在，著名的界石却不见了。说是在什么时候，镌刻有界石的大石崖被人毁掉了。在原界石的附近，有一座吴主大帝庙，庙里有两位道长。其中一位道长还给我们看了他写的一些有关的书籍。在这山好水好之地，他们生活得还算安逸自在。

陆溪口镇在界石山重新立了大理石碑，标明了这里是受省重点保护的界石山遗址。

古竞江口一景

寻访界石山

界石山孙权庙

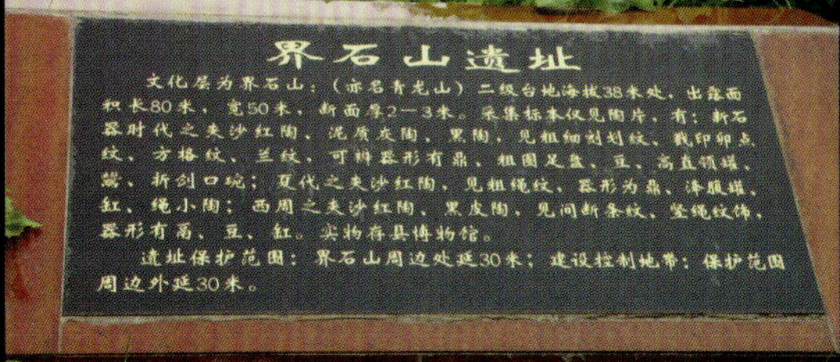

陆水渔民

赤壁文物

赤壁文物

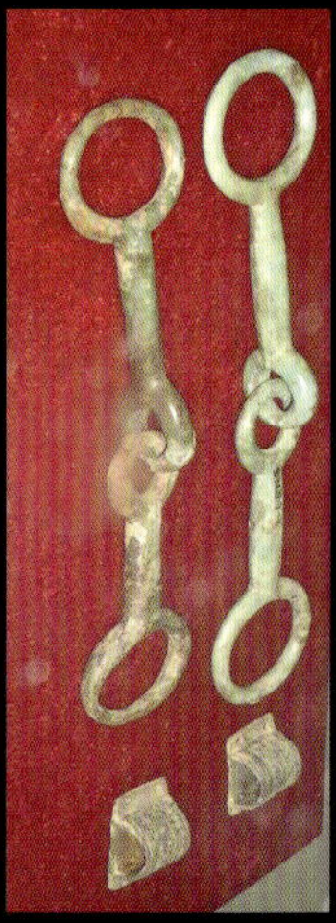

赤壁文物

赤壁盆鼓

赤壁盆鼓，是赤壁市独特的一种已传承了三千多年的民俗文化现象。旧时有“一丁一鼓”的习俗，就像添丁，以鼓相赠以示庆贺。传说在赤壁之战时，它曾发挥过很大作用。《三国志》引《吴录》载：因曹军南下，赤壁一带“山薮宿恶，皆化为善，义出作兵”。这些山民扎竹排，蒙盆鼓，同仇敌忾，参加周瑜破曹大战。《江表传》亦称，这些土居人往往“五六千家相结作崇伍”。乌林烈火起时，江南千百万羡民架竹排，击盆鼓参战，一时“雷鼓大进，北军大坏”。

说是赤壁古老的脚盆鼓在赤壁大战中起了大作用，在史书中似乎并没有什么明确的记载。然而，在民间的传说中，它却是功不可没的。说是当时的羡民（223年东吴立县蒲圻之前，赤壁属沙羡县），驾着一种叫作燕尾船的小船，在一旁擂响用脚盆蒙上牛皮，在牛皮中央画上八卦的脚盆鼓助阵，那阵势，江岸黑压压的一大片，鼓声惊天动地，令对岸的曹军不寒而栗……

脚盆鼓的确是真的，从古至今，它就世世代代挂在赤壁一些人家的墙头，安放在博物馆的文物陈列室里。老人们看着它，耳边就一定会响起那绕梁三日不绝的轰然威风的鼓声。

赤壁属楚，楚属蛮夷，自古蛮夷人好祭祀。人们用脚盆鼓合以巫术乐舞做祭祀，驱魔去邪，祈福消灾。并由之如《山海南经·海外南经》所说，盆鼓发展到山地楚人生活的方方面面，而且发展到不仅为祭祀，也用于庆典。鼓声响起，篝火前，他们在火堆前舞之、蹈之。

屈原《楚辞·九歌》中称脚盆鼓为“会鼓”“交鼓”。

汉司马相如称之“若雷霆之声，闻乎数百里之外”（《子虚赋》）。

脚盆鼓历时数千年，颇受赤壁民众欢迎和喜爱，其鼓点类型也逐渐丰富了起来。诸如《火烧战船》《击鼓助威》《迷魂阵》《扎营寨》《晓夜轻骑》《班师回朝》《栽田鼓》《薅草鼓》《打鼓救鸡》《草把灯》《坐丧鼓》《跳丧鼓》等等，计有六十余种。在羊楼洞有一位名叫雷双田的老人，早年他酷爱脚盆鼓，由他创作的鼓点就有《火烧战船》《鳌鱼换肩》《海底捞月》《挖山鼓》《卧龙鼓》《喜相逢》等等,他的鼓点成为民间的艺术珍品，而他也为后人传为美谈。

想当时情景，且不说年年必鼓的龙灯盛会，就是在平时赤壁乡间地头的劳作中，田头由一人击鼓发歌，田间多人齐声应和，自然大伙热气高涨，干劲倍增。每逢秧田赶雀，守山汉驱赶野猪、猛兽什么的，自然脚盆鼓的作用非浅。

赤壁脚盆鼓曾参加湖北省民间音乐舞蹈电视大赛，从500多个竞赛节目中选拔出的20个节目进入决赛。脚盆鼓最终获得三等奖，并在1989年一次湖北省职工文艺调演中获得一等奖。

赤壁脚盆鼓非同凡响，这是历代赤壁人生存的创造，智慧的结晶。

赤壁盆鼓

随阳老虎岩人家

随阳雁塔名家（上下二图）

雁塔名家

这是位于赤壁市官渡驿镇葛仙山村的一幢老宅，建造于道光十年（1830年）前，有一块铭刻有道光十年建造的墙砖，还有一块道光十六年的贺匾，题为“渭水星辉”。这是当年一位好友送给一位八十岁老人的贺匾，寓意文王渭水访贤，访的就是白髮白鬍，在渭水边直钩垂钓，自命“前车已覆，当年殷鉴，安份守命，自然顺便”的姜太公。

这幢老宅里面充满了故事，曾经是抗日的据点。里面出过一位民国时期的县长，名叫彭子寿（1883—1960年），字葆仁，随阳仙人洞人。从湖北高等巡警学校毕业，曾任国民党政府河南郏县县长，江西浮梁专区专员兼浮梁县县长、省民政厅视察员、军委会参谋团中校秘书。抗战中在四川南部县任县长，抗日胜利离任后，沿途卖字，筹集盘费返家，六十年代初病逝于这幢老宅。

1944年4月至1945年10月，雁塔名家曾为咸崇蒲县随阳区抗日民主政府旧址。

这幢老宅里现还居住有好几户人家，其中有一户是烈士遗属，有原来某高中校长的遗孀，还有退休工人和其他人家，他们还平静地生活在这幢老宅，不离不弃。

葛仙山樱花

白鹭

白鹭大约和鹭鸶是亲戚，要不怎么都爱吃鱼？而且都善于捕鱼。白鹭与鹭鸶不仅只是颜色的不同，更在于它仿佛是自由的天使。

在去随阳老虎岩后的返回途中，向导带我们去了官塘的一个称之为鸟林的地方。

离开随阳后车转向朝东南方向开，路比较宽，比随阳的山道宽多了，说这是市里正在新建的一条路，用意是打算开发赤壁市得天独厚的旅游资源，从川茶的源头、中国著名的古村落羊楼洞开始，一直修到随阳的葛仙山。到那时，羊楼洞的青石街、青砖茶，陆水库区的千岛湖，随阳的竹海，樱花山野，葛仙山的古迹将连成一片。到那时，四方游客只怕是目不暇接，留连忘返了。而这鸟林，且让我们先睹为快。

那是个很小的村庄，官塘驿镇双丘村马家。这马家房屋不多，村一旁是田野，另一旁是村后的山林，林中大多都是栗树。下了车，向导要我们注意那山林。只见树木茂密的丛林中，几只白鹭扑扑地飞出，正好，这时雨停了，现出了蓝莹莹的天，白鹭从我们头顶飞过，直向蓝天上飞去，是那样的洁白可爱，那长长的脖颈向前，长长的腿向后，自在地伸展着，不时轻轻地闪动着展得很开、美丽的翅膀。几只鸟前前后后，在蓝天上瞬间便现出一道美丽生动的风景线。

回首看那林，凝神之间，却见得那鸟无数，而且多是雏鸟。

雏鸟不是白的，只有当它长大后才变成了白色。雏小之时，它们都是美丽的、浅浅的灰褐色。

那里是小鸟的天堂，它们在那里欢腾地跳跃着，嗷嗷地鸣叫着，扑打着翅膀，从一棵树的枝头跳到另一棵树的枝头……

向导告诉我，刚才飞走的那群白鹭，它们一般在每年的五月至十月来这

里栖息繁衍，它们这也许是为雏鸟觅食去了。在离山村不远的地方，是陆水库区的一个很偏僻的角落，那里有鱼。

我不禁想起少时，那是五十年代末，六十年代初，远远地看到望山乡大屋任家，那边白鹭栖息、飞翔的情形。那里山头上也是这样各种树木茂密高耸，山并不高，临近陆水河，和那有数米高的大菩萨的大沙洲不远。

树头上站满了白鹭，在蓝天下，绿树如云，白鹭点点，成群起起落落，的确有趣。

后来搞建设，那里的白鹭也便慢慢地消失了。

保护好生态环境，这是我们当代人的一大课题。如何保护这白鹭家族的乐园，也许值得我们共同思考和努力。这是件一举多得的好事，对于生态平衡，自然景观，候鸟保护等无不大有裨益。

随阳鸟林（上下图）

夏日沧湖（上下图）

无偿的守卫

守墓人姓李，曾经是余家桥洞口村的一位老书记，看上去少说也是有七十左右的人了。他家祖辈也都在这里守墓，他是多少代已经不清楚了。他人长得黑黝黝的，身个儿敦敦实实的，他住的那几间小屋在村里的最里头，靠着山。我们到的时候没见到他，看完“秦国夫人”墓后，见他在家。一个人，很少说话，只是静静地看着我们。在他看来，古墓里有没有宝藏他不知道，但他相信这是一个有历史价值的墓，守卫它是他的责任。因为他家世代对这墓的尽心尽力，几次有人盗墓都没有成功。

这墓隐藏在山坡下的林木深处，离他家不远，从山边一排农舍的后边进去。我们沿着这农舍屋后排水的小沟，踏着丛生的杂草往山的深处走，一路布满荆棘和长得又高又密的杂草。远远看去，草丛中绿树中露出一个门似的小牌坊，门柱是朱红色的，油漆斑驳。门旁立有一块不高的黑色的小石碑，镌刻着“秦国夫人墓——湖北省重点文物保护单位”。再往里走，就清楚看到一个方圆上百平方米的墓园了。

据说这是为防止盗墓，去看秦国夫人墓颇费工夫，连带路的余家桥乡的宣传干部开始时都犯了迷惑，找错了地方。

为什么秦国夫人张氏的墓会葬在这样偏僻的地方？对于我的这个问题，乡干部答复道，当时这地方并不偏僻，这里是离长江很近的江边，原来这山坡下就是江面，过去的长江江面很宽很宽，特别是到了洪汛季节。

在离开秦国夫人墓走出草丛后，只见眼前的确田野如漠，绿茵连天，十分清雅秀丽。

秦国夫人墓位于余家桥洞口村原十一组瑞山南麓，瑞云山建有人祭寺，现祭寺尚有一部分残存供人祭祀。

墓主张氏（1103—1167年）系南宋抗金将领庆远节度使李道之妻，抗元英雄李庭芝的祖母，此人是宋光宗皇帝的外祖母。张氏死后，朝廷择地安葬。

此墓北坐瑞云山，南向马蹄湖，扼潘河之清流，连黄盖之巨浸，日有千人之拱手（摇橹），夜有万盏明灯（渔灯），地有五马之名，水有万鱼之聚，钟灵毓秀，乃天地间之大观也!

墓区原来有主碑、围碑、石牌坊、石人石马和石龟，被清嘉庆年间的白莲教捣毁，现仅存主碑镌刻“宋封雍王忠毅李公原配秦国张夫人之墓”。四周有双凤朝阳，二龙戏珠浮雕。

1989年，李氏后裔捐资复修了牌坊、围石和护牌，墓地恢复原貌。1991年，此墓列于蒲圻市第二批重点保护文物，2008年3月，湖北省人民政府 鄂政发[2008]16号发文，将秦国夫人墓列入省级重点保护文物。

位于余家桥的明代魏观墓

《明史》卷一百四十列传第二十八魏观

魏观诗词列入《明诗别裁集》卷一

遂安舟中（明·魏观）

溪径斜斜入，柴门侧侧开。一牛临水立，双鸭避舟回。病眼青山豁，归心白发催。何因莼鲈上，野老共传杯。

明代廉吏 魏观

魏观（1305-1374），字杞山，号梅初，蒲圻洪山灯窝山魏家人。元时隐居蒲山，1364年，朱元璋攻下武昌，魏观聘授平江学正，迁国子助教，再迁浙江按察司佥事，1367年转任两淮都转运使。1368年，魏观奉命侍太子说书及教诸王、功臣子弟经书。1370年，转任太常卿、侍读学士、国子祭酒。1371年，因事被谪为龙南县知县，不久又召为礼部主事。1372年，出任苏州知府时，明教化，正风俗，建学舍，革除前任一些苛政，“政化大行，课绩为天下最”。

1374年，魏观在张士诚旧宫殿的基础上重修府衙，同时治理城中的湫溢，计划疏浚河道减轻水患。苏州指挥使蔡本和魏观有隙，上书攻击魏观：“观复宫开泾，心有异图也。”朱元璋派御史张度访查，张度也与魏观不和，认为魏观“典灭王之基，开败国之河”，于是被杀。受牵连的还有高启及王彝，史称“魏观案”。“既而上悟，抵诬者罪，复以礼迁柩归葬武昌”。

魏观著有《蒲山集》四卷、《蒲山牧唱》，其事迹见《明史》卷一百四十列传第二十八。

明史卷一百四十

列傳第二十八

魏觀 陶垕仲 王佑 劉仕貆 王溥 徐均 王宗顯 王興宗 呂文燧 王興福 蘇恭讓 趙庭蘭 王觀 楊卓 羅性 道同 歐陽銘 盧熙 兄熊 王士弘 倪孟賢 郎敏 靑文勝

魏觀，字杞山，蒲圻人。元季隱居蒲山。太祖下武昌，聘授國子助教，再遷浙江按察司僉事。吳元年遷兩淮都轉運使，入爲起居注。奉命偕吳琳以幣帛求遺賢於四方。洪武元年建大本堂，命侍太子說書，及授諸王經。未幾，又命偕文原吉、詹同、吳輔、趙壽等分行天下，訪求遺才，所舉多擢用。三年轉太常卿，考訂諸祀典。稱旨，改侍讀學士，尋遷祭酒。明年坐考祀孔子禮不以時奏，謫知龍南縣，旋召爲禮部主事。

五年，廷臣薦觀才，出知蘇州府。前守陳寧苛刻，人呼陳烙鐵。觀盡改寧所爲，以明教化、正風俗爲治。建黌舍，聘周南老、王行、徐用誠，與教授貢穎之定學儀，王彝、高啓、張羽訂經史，耆民周壽誼、楊茂、林文友行鄉飲酒禮。政化大行，課績爲天下最。明年擢四川行省參知政事。未行，以部民乞留，命還任。

初，張士誠以蘇州舊治爲宮，遷府治於都水行司。觀以其地湫隘，還治舊基。又濬錦帆涇，興水利。或譖觀興旣滅之基。帝使御史張度廉其事，遂被誅。帝亦尋悔，命歸葬。

陶垕仲，名鑄，以字行，鄞人。洪武十六年，以國子生擢監察御史。糾彈不避權貴，劾刑部尚書開濟至死，直聲動天下。未幾，擢福建按察使，誅贓吏數十人，興學勸士，撫恤軍民。帝下詔褒異。布政使薛大方貪暴，垕仲劾奏之。大方辭相連，幷逮至京。訊實，坐大方罪，詔垕仲還官。垕仲言：「臣父昔爲方氏部曲，以故官例徙鳳陽。臣幼弱，依兄撫養，至於有成，今兄亦爲鳳陽軍吏。臣叨聖恩，備位司憲，欲推祿養報生育恩，使父母兄弟得復聚處，實戴聖天子孝治天下至意。」帝特許迎養，去徙籍。垕仲淸介自持，祿入悉以贍賓客。未幾，卒官。

明史列传 魏观

柳山

谈起赤壁市，自然人人都会想到闻名古今的赤壁遗址，想到葛洪修仙、羽化的葛仙山，想到为国家有关部门首评为全国几十个古名镇之一的羊楼洞和那里远销万里的川茶，想到赤壁市区美丽的古石城，想到休闲度假胜地有“千岛湖”之称的陆水水库。可谁会想到远离赤壁市区的柳山呢?

的确，在外人看来，柳山不出众，而且是“相貌平平”。

柳山也称柳山湖，古时称之周郎湖，是当年周瑜的军事驻地。“千村薜荔人遗矢，万户萧疏鬼唱歌。”这是毛泽东七律《送瘟神》中的一句诗，它形象地描写了吸血虫病灾区的状况。柳山，曾经正是这样一个吸血虫病重灾区。因为那里曾经是一个莫大的湖区，距原来的蒲圻城区六十里，邻近于陆水河流入长江的陆溪口，邻近于鼎鼎有名的赤壁战场遗址，真可谓是“平湖漠漠多虫难，路人闻之避远乡”的地方。看着那一时众多的大肚子、大腿子的病人，怎不令人心怵。就是这样一个穷且“恶”的地方，如今的柳山人，把它改造成了赤壁市美丽的鱼米之乡。那里的松柏湖，那里的腊里山，那里的荷塘，那里的果园，谁还会想到，这里曾经是一个白天一片泥沼荒野，夜间萤火虫四处翻飞的地方呢?

那是在上世纪六十年代末，陆水水库即将建成，赤壁市石坑、大梅、荆泉一带的居民都要迁移。世代居住在这富绕乡土的人，要从今后永远离别自己熟识爱恋的故土，难舍之情自然颇甚。但是为了国家建设的需要，他们又不得不迁出。根据政府的安排，他们要迁到柳山重建家园。

七十年代初，水库建成，开始蓄水，荆泉乡村民的大搬迁也就开始了。

搬到柳山，为了灭钉螺、防血吸虫病的需要，当时柳山一带只允许种地，不允许种田，因为种田水多，血吸虫容易繁殖。

开始时的新建住房，如同兵营的“营房”似的。一排排整整齐齐，每排十一间。“移民”自己“拖”土砖，烧红砖，一时间热火朝天，蓬蓬勃勃，房舍建成，各家先后在噼噼啪啪的鞭炮声中搬进新居，全身心地开始了有异于他们当初山里的劳作和生活。这就是赤壁人，就是当初为抵御曹军保卫家园，为赤壁大战擂鼓助阵毫不退缩的赤壁人。

1970 年，新建的柳山湖农场与赤壁公社合并。经过几十年柳山人辛勤地打理和改造，现在的柳山湖乡，早已成为了一个“荷田碧连天，果园风也甜，松柏湖水好，香稻望无边”的好地方。

赤壁市柳山湖乡一景

柳山松柏湖水库

柳山湖葡萄园

余家桥乡乡干部

余家桥乡儿童

静

盆鼓声声

盆鼓声声，这是幼时、少时的深刻记忆。

“嗵！”“嗵！”“嗵！”“嗵！”……轰烈，威风，令人振奋。

的确，我没有见过用大盆鼓做过耕田，挖地，招福，也没有见过用大盆鼓驱魔救灾。但我亲眼见过正月十五上元节时，在通往城关的城郊的田埂上，把大盆鼓挎在身前，挥动用布包好的鼓锤走在前面，为舞龙灯队伍击鼓开道，那一长串的盆鼓队。只见他们一路整齐敲打着而来，路人无不笑脸相迎地给他们让路。

盆鼓在整齐威烈地敲打着，行进着。彩色的大龙珠、威风的大龙头在他们身后上下左右翻动着，而那龙身随之旋转翻腾着，龙尾也在随之左右摆动着。无论经过哪一村、哪一庄、哪一个家门，都会响起一阵轰轰烈烈、噼噼啪啪的鞭炮声。

打盆鼓的汉子们虽然衣着不像现在的运动队那么统一，却都在头上扎着同样颜色的毛巾，要知道这些血气方刚的汉子们有时在两队玩灯相遇时会因为控制不住情绪，产生不应有的斗殴。当然这也是有回数的，绝大多数都被年长带队的同族同村的“长老”制止了。

正月十五的夜晚，蒲圻城大街热闹非凡，可以说是“东风夜放花千树”，“一夜鱼龙舞”。

南门头来了花灯队那一个举着历史人物的花灯高跷队，东门头来了龙灯队，北门头来了采莲船，西门头来了蚌壳精，丰乐门来了狮子队……而盆鼓更是敲得山响。鞭炮声，孩子们的吆喝声把一个蒲圻城闹翻了天。

花灯队在哪家门口停下，这家人必定放鞭炮欢迎，送红包答谢，红包里大多装的是香烟、毛巾什么的，以示慰劳和感谢。这可是一年的好彩头，是大吉大喜之事。千百年的传承，这就是赤壁之乡、盆鼓之乡的人们，那袭古的灿烂，轰烈的文化像那潺潺的陆水河一样滚滚流淌。

神山湖蒲柳树

神山湖龟山远眺

龟山放龟

这一家人，也许是世代就生活在有神山湖的这龟山山麓。我和同伴是慕名寻访来到这龟山后偶尔遇到这家人的。

我们被热情地招呼坐了下来。农村的小竹椅，有靠背，坐在上面吱吱地响，但很凉爽。这里竹床、竹椅、竹篮、竹筐等竹制器具各家各户都有，这也是我们赤壁全境的一大特色。竹制品造型美观、坚实耐用，而且就地取材，便宜，山里人差不多家家户户都会编制。

我们坐在他家那一排房屋门前的高沿上，我想，这高沿也许正好又是这湖边人家的一大特色。你想，遇到湖区洪讯，洪水漫岸，这地势在防讯上能起大作用，我想这高度他们一定计算过。

家里的陈设十分简陋，中间的那间屋应该算是他家的堂屋，八十多岁的老妇人坐在门旁，手里在一个小栏盆里摘点着什么。一旁坐着她的小曾孙，堂屋里靠一边倒扣着放了一只小木船，船底板上堆满一些杂七杂八的用品。从这船上看，他们家仿佛是一个渔家，但又不像。从他们屋门前场子里看，凉晒着许多地里采摘来的东西，又像农家。到底是渔家？还是农家？没有问。我想，应该和这里的一些农户一样，是各种生计都做，上船就是渔家，上山是林家，下地是农家，却也来得随意自在。

这家年轻的女主人给我们泡好了茶，那茶叶的叶片儿绿却稍显大，我想只怕就是他们家自己种、自己采、自己做的茶。

茶叶在杯子里浮动，渐渐沉到杯底，而杯中的水渐渐变成了青黄色，散发出一股新茶的清香。

一阵交谈之后，弄清楚了这热情的年轻女主人是赤壁城里人，南门头的，几年前才嫁到这神山湖来的，见到城里的来客自然是更添了一番热情，娓娓不断的交谈使我们了解了许多。

交谈中，我们知道这地方便是龟山。如果远看，这山平平的、圆圆的，中间成均匀的弧线凸起，正如龟背，而向东的一方有一个不大的长满林木的小山嘴，正如一只横卧神山湖的绿龟。而龟山另一端的一座桥的那一头，是蜿蜒起伏的一座山，那是有名的蛇山。原来蛇山有一个塔，后来办了水场，塔没了。

龟蛇二山还有故事，说到这里，女主人叫来了他年轻的丈夫，他一直在一旁忙着他手中的活。只见这时，他们那从小就残疾了双腿的二叔用腋窝夹着木杖，支撑着自己的身体，一“步”一“步”地从一旁的屋里出来，随后又一“步”一“步”下了那高沿的台阶，一“步”一“步”地“走”到右边那间小屋里去了。我不禁也跟了上去。那是一间厨屋，土砖做成的大灶，上面是大铁锅。年轻的男主人也跟着进了厨屋，把锅用竹刷洗了干净，用大葫芦做成的大瓢，往里添了几瓢水，然后离去。他二叔坐在灶前，拿了一些干树枝放进了灶膛，接着把一些有枯树叶的小枝，用打火机点燃，小心翼翼地放进了灶膛。一切都是那么流畅，自然，娴熟，这也许就是他的工作，是他的生活。二叔抬头微笑着看了看我，很有礼貌地点了点头。我当然也微笑着朝他点了点头。这一切，我甚至都不愿拿起一直挂在我脖子上的相机，把这些拍摄下来。我不忍因为我而打扰了这位生命的强者，这意志的强者的平静，也许他不会乐意我拍摄他，我想。

关于神山的龟蛇二山的故事，我是早就知道了的。说是湖中曾有一恶龙，经常兴风作浪，危害乡民。时有一好善的董平壮士求仙习武，练好功夫后，最终降了恶龙，使之成了蛇山。而壮士救民时取下的戴在头上的毡笠化作了神龟，众乡亲避难在龟背，而成为了后来的龟山，这个壮士惩恶扬善的故事流传至今。

神山的神，也正是这龟蛇二山之神，有一首当地民谣唱道：“水从神山过，先淹宋家河，四面淹完了，神山淹不着。”

要知道，神山面前的这个大湖，面积有3000亩，叫作神山湖，实际上是西梁湖的一部分。西梁湖是一个大的水系，面积达827平方公里，它容纳了汀泗河、泉口河、宋家河及贯穿咸宁的淦河等的水流，最终往西流入浩浩长江。

西梁湖古代为水军驻地，三国时期，东吴陆逊、吕岱等都曾驻军于此。特别是赤壁市的前称蒲圻县就是于吴黄武二年（223年）由吴大帝孙权建县于此湖之西岸竞江口。

历史和传说，往往能相辅相成，史家用铁血写成历史，人心用情感和意愿写成传说。

传说是民意的形象体现，虽说许多传说，往往会令人哑然失笑，因为传说往往难免造作或是牵强附体。然而传说往往都是善意的美好，哪怕是其中有十恶不赦的魑魅魍魉，往往也都是以正道胜之，而更加彰显出正义、善良和美好的力量。

以家乡为内容的传说，客观作用更加明显，那更是对家乡的一种浓郁深挚的感情，一种形象化了的、故乡情节化了的感情，是一种民间的文学性的创作，这类传说的最大特色就是生动，似乎一切都曾真实地发生过。

其另一作用就是传达一种来自社会深层的对真善美的向往和追求。他们在“传”与“说”的过程中，也许也清楚，这一切不一定是“真”的，但他们却深深地敬仰其中的“善”和“美好”的一切。就像《赤壁风物》（李次授著）一书中提到的，诸如羊楼洞七位村姑因天旱日夜挑水浇茶而感动上苍，观音圣母赐泉一眼；神山的壮士董平降龙而化自己毡笠为龟，以使乡亲们避难，恶龙被镇后化作蛇山，后神龟继续护山显灵等等。再如赤壁市民间文艺家协会的《风物传说》中同样是有声有色地记载了许多关于赤壁的传说，这一切无不表现出家乡人的善良之心。

女主人用一个盘子端来了一大盘西瓜请我们吃，说是他们自家种的，我们当然高兴和感谢。正吃着，只见年轻的男主人提来了一个木桶，桶里装着一只乌龟。为了让我们看清楚，小伙子将这个龟拿了出来，放在地上。这是只金龟，个头不小，龟的身体上花纹条理十分清晰，呈金红色，龟壳的黑色部分明亮鲜艳，真是一只好龟。

“这是我昨日在湖里捉到的。”小伙指了指门前的神山湖。我们欣赏了一会后，那位和我同来的年岁较大的老师对小伙子说，这是一只好龟，最好将它放生。

小伙一下子尴尬了起来，他低着头，看看那龟。“我想留给我小孩吃，给他补补身体。”这时年轻的女主人不知什么时候，抱来了他们大约二三岁的小男孩，站在我们身边。小孩一双大眼睛直愣愣地望着那龟，大约是因为好奇。

龟山农家

小伙子把龟放回了木桶，龟在木桶里爬动着，年老的老师认真地看着那龟，还是希望小伙子放龟，并告诉小伙子放龟对保护生态环境的好处，从长远看，这也是为子孙造福。

小伙子还是很犹豫，尴尬地站在那里。

“让我们考虑考虑吧。”年轻的女主人打破了僵局，笑着轻声地说。

在我回到家一段时间后，年轻女主人在电话中告诉我，他们遵照了老师的意见，将那金龟放回了门前的神山湖，她说，她相信老人家说的话是对的。

多好的一家人，八十多岁的老奶奶身体健旺，面容亲切，待人和蔼，他们二叔人虽严重残疾，却同样是举止从容，在这个家里无拘无束，安详平静地生活着，而那小两口和他们可爱的小儿子那更是热情友善。相依相敬的多好的一家人，他们正是我们故乡千家万户的一个写照。在赤壁，特别是在乡下，可以说家家都是这样好客、热情、友善。

随阳竹海

竹海

随阳山里的竹海，最动人的季节是在初春。那满山遍野，沸沸荡荡的竹海，在初春的阳光下，无处不是攒着劲的新笋新竹，一个劲地从地底下往上冒、往上冲，几天工夫，那曾经被严冬风雪摧残过，布满了折枝残竹的山野中，便是焕然一新。那新绿齐刷刷地站出来呈现给养育了它们的大地，也呈现给它们梦想和希冀的蓝天。

那绿是无比鲜美的，那充满了蓬勃生机的绿，是纯粹的。因为它来自沃土的深处。

阳光宠爱这随阳的竹，娇艳的春阳透过绿竹梢头婆娑的绿叶，如画家写意般地把它们斑驳的影，泼墨般挥洒在饱蘸着石青、石绿的赭岩的石壁上。

走进春日的竹海是一种享受，是一种感官上的享受，更是一种实实在在的享受。如今不都是时兴氧吧么？这里就是。阳光如明丽的轻纱帐一般地展开在我们的头顶，万竿新绿像玉柱般地布满在我们的身旁。而脚下，那从新竹上脱下的笋衣，踩在脚下咯吱咯吱地响……这四围竞萌着的生机，又怎能不引人生出初春的希望。

随阳的竹海，最感人的时刻是夏日大风大雨骤起之时。见过疾风骤雨中竹海的情景么？

真的像大海飓风袭来，漫山遍野，顶天立地的竹林一时间浪澜拂天，惊涛澎湃。

竹海的浪澜在风雨中是墨绿色的，每一棵茂竹都化作了一朵浪花，这浪花聚集在劲风中起伏晃动，轰隆隆一排排从山的那一头奔腾而来，瞬间又朝山的那一头奔涌而去。这平日亭亭玉立的旺族，此时无不是手拉着手，在向暴风骤雨作命运的抗争的勇士。

那偶尔从竹梢疾驰而过的白鹭，很快就消失在竹海的波澜之中。那山中传出的竹干折断的“咔咔”声此起彼伏。云霭飞动着，雾气越来越浓，滚滚地向山的尽头涌去……

人们都说松涛美，松涛美，美在其声的雄浑壮阔，仿佛从每个人的耳边响起的钱塘海潮一般，远远地滚滚而来。其声浑然，从无到有，从小到大，从大到巨，从每个人的头顶、心底“隆隆”而去。闻之谁不会感叹大自然无穷的魅力呢？而竹涛，除有松涛声的雄浑之美，更有其排山倒海的气势之美。真正的大美往往难以言表，只有用心灵去感受。

大海在风潮中产生了新的能量，而竹海在疾风中产生出了新的力量，这就是有生命的竹海。

葛仙山俯瞰

葛仙山葛仙塔

云山仙踪

历史往往有很多说不清楚的事。

一件物品，从多个角度看，从不同时间点看，从不同的人看，往往都大相径庭。“横看成岭侧成峰，远近高低各不同。”

近两天，反反复复地翻阅《葛洪在赤壁丛书——葛洪在赤壁》一书，很明显，一个众人都十分关注的问题，就是葛洪的羽化成仙之地的问题。书中例举了许多文史资料和遗迹的“实证”来说明葛洪在现赤壁市葛仙山羽化是千真万确之事。

在《大清一统志》、宣统《湖北通志》、嘉庆《湖北通志》、康熙《蒲圻县志》、乾隆《 蒲圻县志》、同治《 蒲圻县志》及《湖广总志》《元和志》《舆地纪胜》中都先后有比较清楚的记载。

民国时期史学家钱穆著《葛洪年谱》列出的《葛洪年表》也明确表示：“洪寿八十一而卒，应在哀帝兴宁二年（364年），而此时邓岳决不至尚在。”而因此晋时谓洪羽化罗浮山不确。

这一切，都是为了回应《中国神仙大辞典》《晋书·葛洪传》记载葛洪约于363年在广东罗浮山羽化登仙之说。

两种观点，如何定论？我想还是留给后人去找出更可信的史证来。

赤壁有关人员考据葛洪羽化应在赤壁葛仙山，其理由有三：

一是据清康熙《蒲圻县志》。

二是葛洪在离开岭南时，给挚友邓岳的信中说：“当远行寻师访故，克期便发。”叫弟子安海送往广州，自己带了妻鲍姑、侄葛望、弟子黄野人等一行五人经岳州而到达蒲圻赤壁，在赤壁古战场吊念了曾任东吴将官的祖父葛奚、父亲葛悌后，游尽蒲圻。一路经现为雪峰山的丫髻山、随阳山等处，最后落迹于葛仙山。

三是葛仙山的确是葛洪修养、炼丹、游历江南而到通无阻的好处所。现葛仙山诸多实存可考的葛洪故迹犹存。特别是当时葛洪及弟子生活和炼丹所用的山顶丹泉至今不枯，“仙水”常在。

葛仙山海拔624.7米，丹泉在其顶石岩缝隙之处。其水从来是不涸不溢，无论有多少需取都是水平如故，岂不妙哉?

然而不论怎么说，葛洪晚年在葛仙山修仙炼丹，从大量实证和历史记录来看，确有其事。

我去过上饶的三清山，葛洪曾在三清山的三清官修仙炼丹也应该是真。从葛洪年表上看，那是在他65岁到70岁之间。

大凡修仙修道之人，最大特点就是亲近和融和自然。大道自然，岂只是道法，更是自然的本身，只有大自然的阴阳变换无穷，才是道家观察和认知事物之本的源泉。

葛仙山踞坐高朗，视野开阔，无际无垠，天地融合，云飞雾走，寒暑变更……　　无所穷尽。且不说仙山林木氤氲，但见那奇石密布，怎不令人遐想? 更有那丹井密泉，冬暖夏凉，沁人心脾，怎不令人生常驻养生之情?

古往今来，高人如云。如葛洪者却也非独，想此等仙山，是何等天人合一的修养圣地。道非道，非常道，大道也。葛洪于此，我固信。葛洪大道之人，其抱朴子造福人类，益世　永年。想葛仙当年，白发飘飘而凌云，服虽褴褛而从容，容颜沧桑而通达，常或极目于天宇之间，而思大块六合，或躬身于林野草莽之间而觅山珍地宝。身与思齐，品与境开。

《抱朴子》乃东晋葛洪所撰，分为内、外篇。今存“内篇”20篇，论述神仙、炼丹、符箓等事，“外篇”中《钧世》《尚博》《辞义》《文行》等篇还涉及有关文学理论批评的内容。全书总结了战国以来神仙家的理论，确立了道教神仙理论体系，并继承了魏伯阳的炼丹理论，集魏晋炼丹术之大成。

《抱朴子》在道教经典体系中具有重要的地位，同时也是研究我国晋代以前道教史及思想史的宝贵材料。

葛洪亦自号抱朴子，江苏句容人。东晋思想家、道教学者、炼丹术家、医药学家、化学家，字稚川。葛洪出身官宦之家，其父葛悌曾任吴国中护军，后入晋为邵陵太守等。葛洪亦出身炼丹世家，曾拜其时称“仙公”的伯祖父葛玄的得意弟子郑隐为师。永安年间（304年）“避地南土”，去了岭南现广州当刺史参军。其间，又拜了海南太守鲍靓（字太玄）为师，得授道家秘典《三皇文》和炼丹“神丹尸解”之法。

葛洪于317年著述的《抱朴子》一书，就是他根据多年炼丹及经世的心得所撰。

“玄者，自然之始祖，而万殊之大宗也。”（《抱朴子·内篇·畅玄》）葛洪提出“玄”这一概念，作为天地万物的根源。

玄可以产生天地万物，那么它就不是某种物质性的实体，而是一种神秘的精神性的实体。

“其唯玄道，可与为永。”玄是一种能超越时间和具体物质，永恒不变的东西。玄生之于心。“玄道者，得之乎内，守之外者，用之者神，忘之者器。”玄，只能从内心里掌握，一旦掌握，它就有无穷的妙用。

“玄之又玄，众妙之门。”

玄，是开启观察生命和世界的一扇天窗。

“玄”也称为“道”。葛洪认为：“道者，涵乾括坤，其本无名。论其无，则影响犹为有焉，论其有，则万物尚为无焉。”（《抱朴子·内篇·道意》）“道也者，所以陶冶百氏，范铸两仪，胞胎万类，酝酿彝伦者也。”（《抱朴子·内篇·明本》）

“道”和“玄”与“一”相通。葛洪认为“道起于一其贵无偶。”“一能成阴生阳”，“道”“玄”“一”是神仙道教的神秘本体，“人能知一万事毕”。“一”表现为“真一”和“玄一”，真一之道和玄一之道都是通神就仙的重要理论。葛洪认为：“玄一之道，亦要法也。无所不辟，与真一同功。吾内篇第一名之为《畅玄》者，正以此也。”

“有因无而生焉，形须神而立焉。”（《抱朴子·内篇·至理》）葛洪认为，“有”与“形”是第二性的，“无”与“神”是“有”与“形”赖以存在的前提。他的这个唯心主义的观点跟他“玄”“道”“一”的神秘主义理论是一致的。

在葛洪《抱朴子·内篇·至理》中提到的“玄”为自然之始祖，气生成天地万物，其中的这个“气”，在他看来至关重要。他明确提出“夫人在气中，气在人中，自天地至于万物，无不须气以生者也”。关于这些，和他在《抱朴子 内篇 对俗》中提出的为道当先立功德，“当以忠孝和顺仁信为本，若德行不修，而但务之术，皆不得长生也”等观点，对于后世和当代都不无裨益。

葛仙山樱花

葛仙山老道长

葛仙山一景

葛仙山上山道

葛仙山一景

葛洪羽化处

葛仙山仙泉

葛仙山上山道

仙山脉境

葛仙山

葛仙山位于赤壁市官塘驿镇随阳境内，海拔642.7米，面积36平方公里，是三地交界。东向咸宁竹海之山岭，连随阳竹海，蔚为壮观。南向崇阳石城，山野林木连绵不绝，湖泊星布点缀其间，薰风每至，清新豁达。北向随阳群峰，竹涛染岭，烟霞浴波，好不令人惬意如醉。

“山不在高，有仙则名，水不在深，有龙则灵。”葛仙山虽不及中国许多名山那样高峻显赫，但它因我国晋代道教祖师葛洪曾多年修炼于此而闻名。

葛洪（公元283—363年），东晋思想家、医药学家、化学家，字稚川，自号抱朴子，江苏句容人。337—351年游历修行、炼丹等活动于江南地区，经过杭州葛岭、江西武功山、三清山，据学者考证，于348年到赤壁丫髻山，350年到葛仙山落定（其时已近70岁），八十一岁羽化于葛仙山。现山上有其修道院、炼丹室、石丹炉、丹泉二处、白云洞、石碓臼、铁丹炉残足、石碑、药园等，还有葛洪羽化塔塔基存在。

元代萨都剌诗曰：
炼丹仙子渺茫间，一夕乘风云不还。
火冷炉头灰已烬，云封谷口岭长闲。
千年瑞气生瑶草，夜半天风响佩环。
真境空明自今古，烟尘依旧隔人寰。

五龙山宾馆一景

凤凰山庄古石窗荟萃

新店新溪书院记铭碑（藏于凤凰山庄）

赤壁文物

东港湖之冬（姚东旭摄）

后记

许多年来一直有个夙愿，为家乡写本书。原只想写写我喜爱的陆水河，可真正着笔，发现家乡要写的有价值的东西太多，也只好顺其自然了。我明白，对家乡的千言万语不足以道其万一，况家乡与我同心同道的人众多。

近两年的采与访，只是略见了些这次在家乡表层感受到的东西，拾到了些家乡的山河之珍。且将我专程拍摄到的一些图片，将我见闻到的、记忆中的和感受到的，集中起来写成了一些随笔、小品什么的荟蕞在一起，结成了这个近乎原生态的缄素以飨读者。

在整个采访与写作的过程中，受到赤壁市委、市政府各级领导的大力支持和帮助，也受到家乡的许多师长及各界朋友的热情帮助，于此诚致谢意。